José Maria Mayrink

VIDA DE REPÓRTER

Vida de Repórter

Copyright 2002 © by José Maria Mayrink
1ª edição – Abril de 2002

Editor
Luiz Fernando Emediato

Projeto Gráfico de Capa e Miolo
Moema Cavalcanti

Capa
Moema Cavalcanti

Fotos da capa
Hélvio Romero (retrato) e Clovis Rossi

Editoração eletrônica
Vanessa Dal

Revisão
Hugo Almeida

Índice Onomástico
Edgar Castro

**Dados Internacionais de Catalogação na Publicação (CIP)
(Câmara Brasileira do Livro)**

Mayrink, José Maria
Vida de repórter / José Maria Mayrink. -- São Paulo :
Geração Editorial, 2002. -- (Coleção vida de repórter)

Inclui caderno de fotos.

ISBN – 85-7509-050-X

1. Jornalismo – Brasil 2. Jornalistas – Brasil – Biografia
3. Mayrink, José Maria 4. Memórias autobiográficas
5. Repórteres e reportagens I. Título. II. Série

02-1525   CDD-079.81

Índices para catálogo sistemático:

1. Brasil : Jornalismo   079.81
2. Jornalistas brasileiros : Memórias   079.81

Todos os direitos reservados
GERAÇÃO DE COMUNICAÇÃO INTEGRADA COMERCIAL LTDA.
Rua Cardoso de Almeida, 2188 – 01251-000 – São Paulo – SP – Brasil
Tel.: (11) 3872-0984 – Fax: (11) 3862-9031

GERAÇÃO NA INTERNET
www.geracaobooks.com.br
geracao@geracaobooks.com.br

2002
Impresso no Brasil
Printed in Brazil

*Para Maria José,
parceira querida de vida, solidária
até nas reportagens mais arriscadas*

AGRADECIMENTO

Este livro é uma reedição corrigida, ampliada e espero que melhorada dos capítulos que publiquei em 3 x 30 – Os Bastidores da Imprensa Brasileira *(Editora Best Seller), lançado em 1992 em parceria com Carmo Chagas e Luiz Adolfo Pinheiro. Além de acrescentar três capítulos – para analisar minha relação profissional com a Igreja Católica, relatar nove anos de experiência na sucursal paulista do* Jornal do Brasil *e registrar minha volta a* O Estado de S. Paulo –, *incluí vários episódios no texto original. Agradeço aos colegas e amigos que colaboraram com sugestões, críticas e correções para o enriquecimento e, o quanto possível, aperfeiçoamento destas páginas. Foi um privilégio contar com observações de leitores atentos como Eleno Mendonça, Fernando Portela, Hélvio Romero, Isabel Campos, José Carlos Cafundó de Morais, Lourival Sant'Anna, Luiz Maklouf de Carvalho, Roberto Godoy e Roberto Muniz. Meu reconhecimento também ao mestre Guy de Almeida, que escreveu o prefácio, a Hugo Almeida, que fez a revisão, e a Luiz Fernando Emediato, que lança este depoimento pela Geração Editorial.*
Sou grato ainda às minhas filhas Cristina e Luciana, responsáveis pela digitação dos capítulos da primeira edição de Vida de Repórter. *Com certeza terei cometido injustiças, ao omitir nomes inesquecíveis na relação de companheiros de jornada que teriam de ser lembrados. Imperdoável, mas conto com sua compreensão.*

JOSÉ MARIA MAYRINK
fevereiro de 2002, aos 40 anos de repórter

SUMÁRIO

Vocação de Verdade 11

Os Focas 19

A Oficina 35

A Revolução 49

O Batismo 63

Dor de Cotovelo 79

Anos de Medo 93

A Resistência 111

Saudades de Minas 125

A Guerrilha 143

A Greve 161

Intermezzo 169

De Volta à Rua 183

Reencontro 201

Índice Onomástico 219

Sobre o Autor 231

VOCAÇÃO DE VERDADE

Guy de Almeida

No painel final de um Encontro Internacional de Jornalismo realizado em São Paulo, em julho de 1987, John Walter, então editor-sênior do norte-americano *USA Today*, e Antônio Franco, à época do espanhol *El País*, coincidiram, representando culturas jornalísticas tão diferenciadas, na constatação do surgimento gradual de um novo perfil profissional no setor.

"Não conheço bem a situação brasileira ou dos Estados Unidos, mas sei que na Europa chega a ser preocupante uma tendência dos jornalistas ao aburguesamento. Nós nos estamos amolecendo um pouco e perdendo sentido crítico. Com isso, seguramente, vem uma perda de identidade", dizia Franco.

"Nós não temos mais contato com a comunidade trabalhadora dos Estados Unidos, como acontecia antes. Nossos jornais não mais refletem essa comunidade, e nosso pessoal com educação superior perdeu contato com milhões de americanos de pequena classe média e de classes mais baixas", assinalava Walter.

Naqueles dias, José Maria Mayrink, próximo dos 50 anos de idade, repetia um ritual que começara 24 anos antes no *Correio de Minas*, de Belo Horizonte, e continua sendo cumprido por ele agora aos 63 anos.

Em 40 anos, cumpridos quase integralmente em jornais diários, apenas seis o foram em funções executivas dentro da redação, durante os quais, no entanto, "fugia" intermitentemente para a rua a fim de reencontrar-se com a sua paixão vocacional: ser repórter, "sair a campo", conviver "ao vivo e diretamente" com a realidade do homem comum ou compor cenários de processos e conjunturas em áreas sob dramática turbulência política como El Salvador, Guatemala, Nicarágua, Cuba ou o Chile do golpe contra Allende...

"Lugar de repórter é na rua": a frase do colega Ricardo Kotscho ele a interpreta, sem referir-se às preocupações de Walter e Franco, como uma "irônica advertência" aos "novatos na profissão que faziam do telefone e da Internet seus principais instrumentos e fontes quase exclusivas no levantamento de informações". Prelúdio de um aburguesamento também na imprensa brasileira?

Se assim for, se aqui também se dá a gradual padronização do jornalista, como detectava Walter em relação a seu país, em, "no mínimo, pessoas de classe média", que visitam comunidades de trabalhadores para fazer "uma matéria especial a cada seis meses ou a cada seis anos", tal não é o caso de José Maria Mayrink, que "arrepiou de emoção" no dia em que Vicente Paulo da Silva, o Vicentinho da CUT, o chamou de "Mayrink, o repórter dos pobres" ou quando o seu colega Hugo Almeida escreveu que "Mayrink é o repórter da alma".

"Sempre gostei de pautas sobre a luta e esperanças de pessoas mais sofridas desse nosso mundo. Meninos de rua, mendigos, doentes, presidiários, favelados, prostitutas e sem-teto", os seus "bons personagens para uma boa reportagem", revela neste *Vida de Repórter*. Por isso, seus personagens preferidos estão também em outros livros seus (*Solidão, Filhos do Divórcio* e *Anjos de Barro*), que "felizmente não me transformaram em escritor" se equivoca com modéstia, como que destituindo o jornalismo de qualidade da condição de gênero literário.

Quando José Maria Mayrink me convidou para fazer este prefácio, aceitei sensibilizado pelo apreço pessoal e profissional que lhe dedico e por ter-me distinguido em meio a tantos e tão qualificados profissionais com quem conviveu quotidianamente na "grande imprensa" nacional ao longo de sua carreira.

Não imaginava, porém, as sensações que me produziria *Vida de Repórter*, em longas pausas durante a leitura, levando-me de volta ao meu próprio passado, a reflexões ou recordações sobre o bem feito, o mal feito, o não feito; as pessoas que estiveram conosco em convivência funcional nem sempre fácil sob a pressão quase neurótica do compromisso de "criar" um produto novo a cada dia; as difíceis situações derivadas das peculiaridades do papel de "olheiro" da sociedade; a evolução/involução do jornal impresso afetado por incertezas quanto ao seu futuro, sob a ameaça dos produtos gerados por novas tecnologias de comunicação; os sedutores desafios que se abrem para a sua sobrevivência e as profundas mudanças necessárias para enfrentá-los...

Paradoxalmente, no entanto, a percepção de que as características da moderna vida quotidiana, as crescentes demandas e pressões sobre a atividade profissional parecem limitar, com as exceções da regra, a feitura permanente e sedimentada de reflexões sobre problemas dessa natureza... Talvez isso ocorra principalmente na profissão que escolhemos, em conseqüência de sua própria natureza. Estamos sempre indo para a frente no tempo, mal terminando o dia de hoje já vivendo as ansiedades do amanhã, em busca dos desdobramentos do presente, tentando descobri-los antes dos outros, prevenir-nos quanto às suas surpresas e oportunidades sob o império da competição/competitividade, palavras-chave da ordem econômica e social com que ainda nos toca conviver.

Vida de Repórter e as reflexões que me inspirou levaram-me de volta em abstrato ao meu ambiente preferido de trabalho, o jornal, que deixei algumas vezes, como agora, e a que sempre retornei, ao longo de minha carreira no Brasil e no exterior, após o exercício de outras atividades (seis anos mais dois em instituições internacionais no exterior, ainda que na área de comunicação; quatro anos em função pública em Brasília).

Este pois o outro singular efeito de *Vida de Repórter*: fazer-me sentir saudades e ao mesmo tempo frustração pelo distanciamento deste princípio de tudo, por não estar saindo "a campo", como Mayrink tem feito ininterruptamente, anos a fio, para a colheita diária das novas "artes" do bem e do mal do ser humano, de suas façanhas e danações; por não estar diante da "máquina de escrever" e em seguida sofrer na expectativa da reação dos editores; por não gozar a superação desse obstáculo e finalmente, na boca da rotativa, "lamber a cria" como diz o Mayrink, aguardando com impaciência sempre renovada as repercussões externas...

Tudo isso porque, despretensioso e despojado, o livro de Mayrink é, exatamente como indica o seu título, "vida de repórter". É também, até por viés profissional, ao mesmo tempo memória existencial e auto-reportagem submetidas à condição humana do autor, enriquecidas pela valorização da arte narrativa do jornalismo sem delongas, esbanjando capacidade de síntese, atentando para o essencial, produzindo contrastes que conduzem o leitor à compreensão ágil de episódios e situações. Mayrink se transforma em sua própria matéria-prima ao expor-se, às vezes com fina ironia. O leitor encontrará repetidamente, em aplicação pessoal, palavras como orgulho, vaidade, satisfação, pavor, medo, sem exclusão de referências a críticas de colegas a seu respeito ou de sentimentos íntimos anteriores e posteriores a decisões de consciência em situações como a greve dos jornalistas de São Paulo em 1979 ("eu fui um fura greve", dirá ao iniciar a abordagem do episódio). Encontrará também a homenagem do autor à legião de colegas com quem conviveu no dia-a-dia de cada etapa da peregrinação profissional, através da menção minuciosa de seus nomes.

De sua intimidade transparecem também com clareza, sugerindo o peso que têm em sua visão de mundo e portanto na forma como tem exercido a profissão, a influência da família, da opção religiosa sem pieguismos, e de Jequeri, seu eterno reduto para o retorno às origens, a fuga das neuróticas imposições da megacidade, a reciclagem periódica de sua condição humana, a percepção permanente da relativa importância das coisas, expressada por exemplo na indiferença de seus conterrâneos quando, ao voltar das viagens de coberturas no exterior, narrava "as minhas façanhas, crente que estava fazendo o maior sucesso".

Apesar da época turbulenta de suas vivências, marcada por profundas rupturas e mudanças no país e no mundo, suas opções políticas e ideológicas podem ser apenas vislumbradas em discretas referências ou em suas declaradas preferências temáticas. É como se houvesse da parte do autor um certo pudor em deixar alguma impressão de que elas pudessem influenciá-lo na construção informativa de fatos e processo submetidos à sua abordagem jornalística.

Parece assim submeter-se com ele mesmo e em relação aos outros à difícil, controvertida e inatingível exigência de absoluta "objetividade informativa", sempre condicionada, consciente ou subconscientemente, à fidelidade ou infidelidade à visão de mundo, que pode dispensar textos militantes, mas introduz-se sutilmente, sem necessidade de uma premeditada cumplicidade do autor, em suas ênfases, na seleção de detalhes de "uma oferta informativa objetiva", na própria forma de construção do acontecimento...

Na sua vida de repórter, José Maria Mayrink viveu experiências profissionais que variaram no espaço geográfico mundo afora; nos ciclos históricos da época que lhe tem tocado viver e cobrir; nas profundas alternâncias técnicas, teóricas, tecnológicas do jornalismo. Passou pela prática na imprensa de sua província de origem, submetida a limitações de variada ordem, mas centro abastecedor de profissionais qualificados como ele para o eixo Rio-São Paulo. Chegou assim "com orgulho" onde está, com pique para não perder a vaga para "colegas talentosos que estão começando", pois "gosto é que não falta".

CAPÍTULO 1

Aprendendo a técnica da pirâmide invertida.
No dia em que Pelé se chamou Joaquim.
Alterosa, uma revista de dramas e tragédias.
Jornalista não faz milagre na própria terra.

Os Focas

Terno de linho branco, sapatos pretos e gravata azul disfarçando o jeito caipira, peguei o elevador do velho prédio do jornal *Binômio* e me apresentei ao Guy de Almeida, no 12.º andar. Dezenas de faixas anunciavam nas ruas de Belo Horizonte, em janeiro de 1962, o próximo lançamento de um novo diário, o *Correio de Minas*, cujos jornalistas estavam sendo recrutados ali, numa sala alugada da Rua Curitiba, esquina de Carijós, bem no centro da cidade, enquanto a sede definitiva não ficava pronta, três quarteirões mais abaixo, na Avenida Olegário Maciel.

Cheguei pelo faro, levado talvez pela suspeita de que, se era capaz de escrever crônicas no *Jornal do Povo*, o pequeno semanário que os irmãos Lopes publicavam em Ponte Nova, na Zona da Mata, bem que podia tentar um emprego de jornalista na capital.

Eu tinha 23 anos e acabava de deixar o seminário – curso colegial em Mariana e no Caraça, depois Filosofia e Teologia em Petrópolis – e me orgulhava de uma bagagem humanista, ao mesmo tempo promissora e inútil. Dava aulas particulares de Português, Latim e Matemática, ainda sem saber se ia ser advogado ou professor, quando a Universidade Federal de Minas Gerais (UFMG) anunciou a abertura do curso de Jornalismo, na Faculdade de Filosofia da Rua Carangola.

Era minha salvação.

Até junho de 1961, quando fazia o segundo ano de Teologia, minha intenção era ser padre. Faltavam dois anos e meio para a ordenação sacerdotal. Eu era lazarista, ou religioso da Congregação da Missão, de São Vicente de Paulo. Tinha até votos de pobreza, obediência e castidade, quando resolvi mudar o rumo de minha vida. Foi uma decisão bem pensada, mas rápida. Saí ao chegar à conclusão de que poderia ser um bom cristão, mesmo não sendo padre. Pois a gente tinha medo de ser condenado ao inferno, se fosse infiel à vocação.

Nove meses em Mariana, quatro anos no Caraça e cinco anos e meio em Petrópolis – mais de dez anos de seminário, usando batina do primeiro ao último dia – foram importantíssimos para minha formação. Continuei católico, amigo dos lazaristas e apaixonado pelo Caraça. Desde 1974, subo todos os anos a serra do antigo seminário, hoje santuário religioso e reserva ecológica, para matar a saudade de um dos períodos mais felizes de minhas lembranças.

Sempre que posso, escrevo mais uma reportagem sobre as belezas do lugar. As lendas do fundador, Irmão Lourenço de Nossa Senhora, a tragédia do incêndio que destruiu parte do colégio em maio de 1968, a amizade de padre José Tobias Zico, o reencontro com os lobos guarás que desde 1982 freqüentam os arredores da casa são fonte inesgotável para novos ângulos de velhas histórias. Sem falar nas bandeiras que ajudei a carregar – a mais recente delas, o sonho dos padres Lauro Palú e Célio dell'Amore, meus contemporâneos, de transformar a tradição do Caraça em patrimônio da humanidade.

Tudo isso, mas especialmente a saudade de padre Tobias – meu ex-professor e amigo muito querido, que morreu na tarde de 9 de fevereiro deste 2002 em Belo Horizonte e foi sepultado no dia seguinte nas catacumbas do Caraça. Aos pés de Nossa Senhora Mãe dos Homens, como ele merecia.

Se não havia estudado Física e Química o bastante para seguir a carreira de meu pai, José Eduardo Mayrink, médico em Jequeri, a minha cidade natal, pelo menos embarcaria no gosto dele pela literatura – herdeiro de seu apego aos livros e de certo jeito para escrever. Jornalismo devia ser isso, e a prova eu trazia debaixo do braço: o livrinho *Pastor e Vítima*, história do missionário italiano Giustino de Jacobis, que eu havia publicado com o pseudônimo de Augusto Gomes, nome de família de minha mãe, Maria Augusta.

– Essa história não tem o menor interesse, mas o estilo é de repórter – sentenciou Guy de Almeida, folheando as páginas da minha obra-prima e decidindo meu destino.

Contei esse episódio no *Jornal da Tarde,* em São Paulo, quando o papa Paulo VI canonizou De Jacobis, em 1975, elevando às honras dos altares o herói de minha primeira reportagem. Meu editor, Fernando Portela, fechou a página com uma sensibilidade profissionalmente cristã. "O Primeiro Milagre Desse Santo: Nosso Repórter", foi esse o título que deu a meu depoimento, numa brincadeira que haveria de divertir Guy de Almeida, no Peru, onde vivia como exilado político.

Guy de Almeida foi o meu professor.

A figura daquele homem imenso e, à primeira vista, inacessível, dominava a redação do *Correio de Minas*, correndo e gritando entre mesas provisórias. Não sei quem chegou primeiro, mas naquela hora já deviam estar quase todos ali – Moacir Japiassu, Hilton Ferreira, Adauto Novaes, Carmo Chagas, Antônio Lima, José Arantes, Luiz Fernando Perez, Moura Reis, Décio Mitre, Marco Antônio Rodrigues Dias, Dirceu Soares, Luiz Adolfo Pinheiro, o futuro ministro Ronaldo Costa Couto e mais meia dúzia de focas que a distância e o tempo embaralharam em minhas lembranças. Os jovens-veteranos Hélio Fraga, Estácio Ramos, Samuel Dirceu, José Salomão David Amorim e Dídimo Paiva eram os nossos chefes. Revezavam-se na coordenação da reportagem e na edição de um número zero que jamais sairia das máquinas.

– Lamento isso até hoje – confessou Guy de Almeida, trinta anos depois, ainda inconformado de não ter conseguido materializar em edições experimentais (os números zero) um trabalho de treinamento que, em sua garra profissional, considerava imprescindível. Ele publicou uma notinha na primeira página do número 1 do jornal, desculpando-se por possíveis falhas.

Experientes e respeitabilíssimos, Guy Affonso de Almeida Gonçalves e Dídimo Miranda de Paiva teimaram em permanecer em Belo Horizonte, enquanto seus focas se mandavam para as mais badaladas redações do Rio de Janeiro e São Paulo, em busca de melhores salários e, principalmente, de perspectivas mais amplas. Cada um no seu canto ou somando talento em dobradinha, Guy e Dídimo formaram gerações de profissionais que fizeram história e nome nas quatro décadas seguintes.

O professor bem que merecia o apelido de *Sá Onça* que lhe deram. Guy era redator-chefe do estilo onipresente e centralizador, aquele jeitão meio autoritário que dominava os jornais da época e apavorava os focas. Mas *Sá Onça* era também um apelido carinhoso, mistura de respeito e amizade – aquela "Sá Onça" ao mesmo tempo apavoradora e querida das histórias infantis. Exigente, meticuloso e de trato meio difícil nas horas de cobrança, Guy de Almeida era um professor competente e amigo.

A gente podia até ter medo dele, mas quem fazia mesmo a reportagem tremer era o Dídimo. Ele distribuía as pautas, conferia as informações, ditava o *lead* (abertura), cantava o estilo de cada matéria e, com sua voz metálica, destroçava quem tropeçasse na estrutura do texto ideal – claro para ele, inatingível para nós. O modelo era o *Jornal do Brasil*, que a equipe do futuro *Correio de Minas* copiava sem disfarces – e cópia tão perfeita, que um dia a manchete da primeira página coincidiu, letra por letra. Mas não era só isso. A perfeição estava era na cabeça dos mestres. A gente aprendia, a cada instante, com a experiência do Guy, do Dídimo, do Salomão e, mais tarde, do Fernando Gabeira e Celso Japiassu, irmão do Moacir, que se juntaram ao time, em algum momento dessa fase pioneira.

Lead e *sublead* em parágrafos corridos, entretítulos a cada 20 linhas, a matéria seguia, à risca, a técnica da pirâmide invertida, que teoricamente permitia cortar o texto pelo pé, sem maior prejuízo. Era uma boa regra, mas funcionava então como uma camisa-de-força, da qual só consegui me libertar muitos anos mais tarde, a partir de 1968, na revista *Veja* e no *Jornal da Tarde*. O problema, em Belo Horizonte, não era a forma, era o conteúdo. Como o assunto era pouco e os repórteres eram inexperientes, a gente acabava repetindo no corpo da reportagem o que o título anunciava e o *lead* destacava. Fiquei surpreso, quando meu cunhado José Pereira Alves, engenheiro civil, me chamou a atenção para a redundância.

O jornal *Correio de Minas* e a revista *3 Tempos* nasceram, com a Empresa Brasileira de Divulgação, para sustentar a recondução de Juscelino Kubitschek à presidência da República. Não era uma intenção explícita, mas a gente sabia quem estava por trás do empreendimento.

(Guy de Almeida tem uma versão diferente. Segundo ele, o projeto era mais difuso, estendendo-se a todo o PSD mineiro. E, se havia algum nome na mira, era mais Tancredo Neves para o Palácio da Liberdade que Juscelino para o Planalto.)

O Banco da Lavoura, hoje Real, pagava as contas pelas mãos do diretor José de Araújo Cotta, um arrojado empresário de belo caráter, que foi obrigado a vender as máquinas e a entregar o prédio à Caixa Econômica Estadual em 1964, quando acabou o sonho do PSD. Em 1962, porém, João Goulart ainda prometia reformas e ninguém falava em golpe militar.

Nossa missão era botar o matutino nas ruas.

A estréia foi uma decepção. Anunciado para 25 de março, um domingo, o número 1 encalhou literalmente na boca da rotativa recauchutada, por causa de alguma pane previsível, mas para mim inexplicável. A imagem que tenho daquela manhã de sol é um pesadelo: um punhado de jornalistas angustiados, Guy de Almeida à frente, nas oficinas do prédio inacabado da Avenida Olegário Maciel. A decepção varou a tarde e invadiu a segunda-feira, quando verificamos, de volta à redação, que não havia material nas gavetas para a edição do dia seguinte. As 80 páginas do lançamento engoliram dois meses de arquivo.

— Você escreveu isso tudo? — perguntou meu tio Carlos Mayrink, semi-analfabeto de letras e números, folheando o exemplar do *Correio de Minas* que eu levei para meu pai, em Jequeri.

Descobri, naquele instante, que jamais faria sucesso como jornalista em minha terra, conforme contarei mais adiante. Mais de um amigo achou que eu era jornaleiro e, vendo o fracasso das bancas de revistas (pois não vendiam jornais) do interior, todos lamentavam meu futuro. Distante 220 quilômetros de Belo Horizonte, Jequeri não tinha mais de três mil habitantes, que controlavam despreocupadamente pelo rádio as notícias do mundo. A cidade ainda não tinha televisão.

O espelho devia ser o *Jornal do Brasil*, mas os focas não escapavam dos vícios de linguagem do *Estado de Minas*, o jornal mais importante de Belo Horizonte. Numa das primeiras reportagens que fiz, a cobertura de um homicídio, transcrevi todos os lugares-comuns que recheavam então o estilo dos repórteres de polícia. Decúbito dorsal, homens da lei, indigitado suspeito, meliante, causídico, dolorosa perda, covarde assassino — tudo isso se encontrava ali na minha suada materinha de 40 linhas.

— Mas quem é a vítima? — perguntou o Salomão, pois essa informação não estava no papel. Derrapei no primeiro item da clássica lista de seis quesitos que o jornalismo norte-americano foi buscar na lógica grega de Aristóteles para a construção de um bom *lead* – quem, o que, onde, porque, como e quando.

Salomão que me desculpe, mas foi ele, o autor dessa primeira lição, quem me ajudou a escorregar num erro de informação antológico e imperdoável. Salomão trabalhava também na revista *3 Tempos*, dos mesmos donos do *Correio de Minas*, quando escrevi uma reportagem sobre os investimentos de um jovem empresário que começava a enriquecer, aos cinco anos de futebol.

– O nome do Pelé é Joaquim ou Sebastião Arantes do Nascimento? – perguntei de minha mesa. Salomão pensou um instante e respondeu em voz alta, mão no queixo, para quem quisesse ouvir:

– Joaquim Arantes do Nascimento.

E assim ficou registrado na página 36 do número 47 de *3 Tempos*, de 22 de março de 1963. Quando lembrei essa barbaridade em São Paulo, muitos anos mais tarde, um colega do *Jornal da Tarde* tentou me consolar.

– Mas Pelé, o Édson Arantes do Nascimento, estava começando, não estava?

– Não, Pelé era bicampeão mundial. Quem estava começando era eu.

Salomão era o secretário da revista, que no seu expediente tinha também o escritor Ivan Ângelo e o poeta Affonso Romano de Sant'Anna. A equipe da fotografia – José Inácio Pereira, José Pinto, Antônio Cocenza e Nelson Santos – era a mesma do *Correio de Minas*, onde trabalhou também Evandro Santiago. Inês Helena Abreu, a única mulher dessa turma, assinava colunas sociais.

– Gente, o que significa gonorréia? – perguntou ela, uma tarde, na redação cheia. Silêncio geral. Só demos risada mais tarde, quando tiradas ingênuas como essa foram entrando no folclore do jornalismo de Minas Gerais.

Aos cinco, seis meses de profissão, já não nos considerávamos mais focas. Cada vez mais parecido com o *Jornal do Brasil*, apesar da impressão de fotos borradas e textos ilegíveis, o *Correio de Minas* concorria em qualidade com a edição mineira de *Última Hora*, que tinha sucursal na Praça Sete, mas rodava no Rio. O salário inicial de repórter – Cr$ 16 mil, numa época em que o mínimo beirava Cr$ 9 mil – saía regularmente atrasado. Minha namorada, Maria José, professora primária estadual, ganhava mais do que eu.

A imprensa de Belo Horizonte, que tinha meia dúzia de jornais – *Estado de Minas, Diário da Tarde, Diário de Minas, O Diário, Folha de Minas, O Debate* e *Binômio* –, pagava mal, fiel àquela velha tradição de que jornalismo era bico que se complementava com emprego público. Éramos exceção, nós da Avenida Olegário Maciel e da Praça Sete, pois éramos, ou tentávamos ser, jornalistas em tempo integral. Nessa época, ressurgia também a revista *Alterosa*, que o jovem editor Roberto Drummond reformulou com muita competência e gosto, espelhando-se na *Paris Match*.

Roberto Drummond, o futuro romancista de *Hilda Furacão* e outros sucessos, formou uma equipe invejável. Trabalhava com redatores fixos e repórteres colaboradores, mas dava a impressão, pelo que me lembro, de fazer a revista sozinho. Partia dos títulos para as pautas, mexia nos textos, reescrevia tudo à sua imagem e capricho. *Alterosa* era leve e bonita, de fotos bem abertas e imensos brancos, mas cheia de dramas e tragédias. Estas duas palavras invadiam cada olho (abertura da reportagem que funciona como subtítulo), repetiam-se a cada página. A diagramação era de Eduardo de Paula e de Jarbas Juarez, o jovem desenhista e pintor que, ex-aluno de Guignard, fez o vestibular de Jornalismo em busca de uma nova profissão e acabou acumulando duas.

Era uma revista de grandes reportagens. O drama de Guapé, que desaparecia debaixo das águas da Represa de Furnas, mereceu espaço generoso, antes e depois da submersão. Refletiam-se também, nas páginas de *Alterosa*, alguns dos nascentes e eternos mitos de Roberto Drummond. A tragédia de Marilyn Monroe, merecida capa, suscitou uma pauta que eu, analfabeto em Hollywood, cumpri a suor frio: o perfil da loura Kim Novak, que seria sucessora de Marilyn. Roberto fez um *lead* apaixonado e convincente.

A reportagem saiu, não se falou mais no assunto.

A serviço de uma suposta candidatura de Magalhães Pinto a presidente da República, *Alterosa* pagava bem. Não só porque o dinheiro vinha do Banco Nacional, mas principalmente porque, além de Roberto Drummond, ali havia o espírito profissional de Lúcio Nunes, José Alberto Fonseca e Sérgio Dayrell Porto, os homens da administração e da publicidade. Egressos da Juventude Universitária Católica (JUC) e amigos dos frades dominicanos, tiveram logo a minha simpatia. Os três, mais o Salomão e Wanda Figueiredo, minha colega de faculdade e irmã de Henfil, apelido que Roberto Drummond criou para o cartunista Henrique de Souza Filho na revista, me arrastaram para uma reunião da AP – Ação Popular.

Culpa deles e dessa reunião, se não aderi à esquerda católica, uma tentação daqueles tempos de Jango, UNE, greves estudantis e cultura popular. Participei de um só encontro, num sobrado da Avenida Amazonas com rua São Paulo, que definiu meu futuro político. Meteram-me no meio de um grupo de intelectuais que discutiam a revolução numa sala cheia de fumaça, sufocante e irrespirável. Não entendi nada do que diziam, saí engasgado com os cigarros, nunca mais voltei lá. Minha militância política, em Belo Horizonte, limitou-se à cobertura da "greve do terço", que tirou esse nome da reivindicação dos estudantes. Os grevistas exigiam para os alunos a representação de um terço no conselho universitário.

Participei da greve, mas principalmente cobri o movimento. Era sempre a mesma rotina: a rapaziada ocupava faculdades, que os soldados da Polícia Militar invadiam e as tropas do Exército liberavam sob aplausos. Na guerra de Magalhães Pinto contra João Goulart, nós éramos federais. Tudo muito ordeiramente, pois quase não havia prisões e raras eram as investidas na base de gás lacrimogêneo. O empastelamento do semanário *Binômio*, que José Maria Rabêlo sofreu no fim de 1961, em represália à ousadia de dar um murro na cara do comandante da ID-4 (Divisão de Infantaria), general Punaro Bley, já era, para nós, uma imagem do passado.

O semanário publicou uma reportagem sobre Punaro Bley, revelando o perfil fascista dele no Espírito Santo. Furioso, o general foi tirar satisfação com Zé Maria, na sede do *Binômio*. Em meio à discussão, agrediu o jornalista com o bastão de comando. Zé Maria, lutador de judô, esbofeteou o militar, que naturalmente não engoliu o desaforo. Alguns dias depois, não sei se foi no dia seguinte, ele reuniu um pelotão de recrutas do 12.º Regimento de Infantaria e do CPOR, invadiu a redação e empastelou o jornal. Avisado a tempo, Zé Maria fugiu e passou semanas foragido, sob proteção de Guy de Almeida e, depois, do Sindicato dos Jornalistas de São Paulo. O jornalista Moacir Japiassu, que era repórter do

Correio de Minas e fazia o CPOR, recusou-se a participar da incursão. Desertou e agüentou as conseqüências.

– Segura aí no "puta-merda", que lá vem buraco – gritava o Euclides, nosso motorista no jornal, brigando pela notícia com uma incrível garra de repórter. "Puta-merda", aquele palavrão inofensivo que a gente solta na hora do aperto, era a alça de segurança do jipe da reportagem.

O primeiro ano de jornalismo no *Correio de Minas* foi excelente escola. Para minha sorte, comecei pelo setor policial, que é onde melhor se aprende – todo repórter sabe disso. Cobríamos tudo, em qualquer lugar da cidade. Conheci todos os cantos de Belo Horizonte, subi todos os morros, andei por matos e sítios que hoje, 40 anos depois, viraram luxuosos bairros residenciais, ali onde corre a Avenida Cristiano Machado, entre o túnel da Lagoinha e a Pampulha.

Em novembro, viajei a Salvador com o professor Adival Coelho de Araújo para participar do I Simpósio Nacional de Ensino de Jornalismo, promovido pela Associação Baiana de Imprensa (ABI) e pela Universidade Federal da Bahia. Inscritos em nome da Faculdade de Filosofia da UFMG, éramos os únicos representantes de outros Estados. Sem dinheiro para as despesas, a ABI havia cancelado a promoção, sem o cuidado de avisar os convidados. Com nossa chegada, improvisou-se um debate com uma dúzia de participantes.

"Mineiro liderou", informou o *Correio de Minas*, num texto em que narrava minhas intervenções na reunião. Ao ler a reportagem, meu pai tirou o maior sarro da minha cara-de-pau. "Você participa e você mesmo elogia sua participação", divertiu-se, sem deixar de me criticar. De positivo restou o fato de o simpósio haver levantado, já em 1962, questões do ensino de jornalismo que continuam em pauta até hoje – como, por exemplo, a dificuldade de conciliar teoria e prática na formação dos profissionais.

Nas eleições de 1962, escrevi 40 linhas sobre a tensão política em Jequeri, onde os candidatos do PSD e do PR se revezavam na prefeitura. "Coronéis Perderam Eleição em Jequeri e não Deixaram PSD Comemorar Vitória", dizia o título da pequena reportagem. Tudo verdade, mas foi o bastante para dez anos de bronca da Hermínia Gomes, irmã do prefeito do PR e minha prima. Era eu passar, e ela virar a cara. Aprendi que, como os santos, jornalista de casa não faz milagre. Numa pequena cidade onde todo mundo é parente ou amigo, ninguém vai se defender com argumentos de profissionalismo e imparcialidade.

Gabeira foi para o *Diário de Minas* no começo de 1963 e convidou-me para ir trabalhar com ele. Não me lembro se o salário pesou. Não devia ser muito diferente, mas não pensei duas vezes. Estava meio brigado com o Guy, por alguma dessas cismas de redação, e não tinha por que recusar. Continuaria como repórter, fazendo o que então se denominava "educação e cultura" –, na verdade um leque imenso de assuntos, tarefa de oito a dez notinhas por dia.

Numa dessas pautas, fui escalado para uma entrevista com uma mocinha do interior. Ela vinha de Paraopeba e queria ser cantora. Chamava-se Clara Nunes.

CAPÍTULO 2

Comparação entre o João daqui (Goulart) e o de lá (Kennedy).
Diante da porta mais difícil do Brasil.
O chefe de reportagem com revólver na gaveta.
A ajuda de Jango, no primeiro apartamento.

A Oficina

Éramos jornalistas e estudantes de meio expediente – faculdade de manhã e jornal à tarde. Quase todos faziam Direito, na esperança talvez de um dia abandonar a redação para se dedicar ao escritório de advocacia, profissão de futuro mais certo e mais rendoso. Ou, quem sabe, na certeza de juntar as duas coisas, como era de tradição e praxe até os anos 50. Ao optar pelo curso de Jornalismo, que então se inaugurava, fui uma exceção pioneira. Na minha turma, de uns 30 alunos, poucos trabalhavam em jornal ou revista – Jarbas Juarez, Amaury Machado, Mário Ribeiro, Wanda Figueiredo, Ronaldo Brandão, Washington Mello, que seria depois presidente da Federação Nacional dos Jornalistas (Fenaj), Morgan Motta, eu... e mais uns 20 que acabaram não seguindo a profissão.

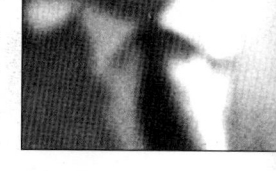

Os professores, calouros como nós, aprendiam do começo, copiando e adaptando currículos dos poucos cursos já existentes, entre eles o da Faculdade Nacional de Filosofia, no Rio, e o da Faculdade Cásper Líbero, em São Paulo. José Mendonça, da sucursal de *O Globo*, Adival Coelho de Araújo, de *O Diário*, e Salomão Amorim, do *Correio de Minas*, que já eram profissionais, foram convidados a dar as aulas da área técnica, as matérias específicas. Freqüentei três semestres, até me mudar de Belo Horizonte. Tempo suficiente para firmar uma convicção que tenho até hoje: a escola não basta para formar um bom repórter, mas ajuda muito. Se alguém duvidasse, eu citaria dois exemplos que marcaram minha experiência em Minas – as aulas de literatura de Ângela Vaz Leão e as lições de ética de Anis José Leão, professores competentes e inesquecíveis.

Ângela Vaz, que apesar de Leão não era parenta de Anis, dissecou as crônicas de *Fala, Amendoeira*, durante um ano inteiro, para nos revelar, no estilo claro da prosa de Carlos Drummond de Andrade, a precisão indispensável ao texto de jornal.

Nunca esqueci aquelas lições.

Mas, se jornalismo se aprende mesmo é na prática, não me faltariam bons mestres. O mais insistente deles foi Fernando Gabeira, meu chefe de reportagem no *Correio de Minas* e depois no *Diário de Minas*, para o qual ele se transferiu, me levando junto. Era março de 1963, um semestre de muita agitação política. E de esperança também. Roberto Drummond me pediu uma reportagem, que eu levantei e Salomão escreveu, comparando o João daqui com o João de lá, ou seja, um paralelo de utopia ou sonho entre João Goulart e John Kennedy, dois presidentes jovens e, na visão da *Alterosa*, revolucionários. Maria Tereza e Jacqueline, primeiras-damas bonitas e mães de crianças lindas, ilustravam as páginas da revista em imensas fotos em branco e preto.

– Você precisa ler, Mayrink, você passou dez anos no seminário, não leu quase nada – insistia Gabeira, no cafezinho da padaria, me aconselhando romances de Eça de Queirós, Machado de Assis e Jorge Amado. As sagas da Bahia estavam na moda, eram leitura obrigatória em nossa geração. Hilton Ferreira se entusiasmou tanto, no

Correio de Minas, que fez uma reportagem sobre os "capitães da areia" de Belo Horizonte. Se fosse agora, o repórter documentaria a tragédia dos meninos de rua.

As aulas de jornalismo do Gabeira se estendiam da Praça Raul Soares, onde ficava o *Diário de Minas,* aos botecos do Edifício Arcangelo Maletta, na Rua da Bahia com Avenida Augusto de Lima, onde os jornalistas esticavam as madrugadas. Ray Charles cantando *I can't stop loving you* e *Georgia on my mind* no barzinho vazio, Gabeira falando de *leads* e textos perfeitos. E o que ensinava na teoria ele aplicava na prática. Na sua ousadia de profissional idealista, ignorava as dificuldades financeiras da imprensa mineira – ou pelo menos do *Diário de Minas,* que pagava mal e atrasado.

Uma manhã, Gabeira soube que a prefeitura de Corinto, na região de Diamantina, havia rifado uma praça da cidade. Entusiasmado com o assunto, não pensou duas vezes: fretou um táxi aéreo e me mandou para lá, com o fotógrafo Nivaldo Correia, para apurar a história. Na edição do dia seguinte, 29 de março, lá estava a reportagem de página inteira.

Lupion mineiro vendeu praça de Corinto que foi a última a saber, anunciava a manchete, de uma coluna larga, quatro linhas, corpo 48, chamando para um dos *leads* mais bem feitos que já vi – tudo ditado, palavra por palavra, pelo Gabeira.

É só conferir:

> *Um homem de meia idade, que usa slacks como Jânio Quadros e tem uma mecha de cabelos brancos, é o Moisés Lupion de Corinto, uma cidade de 8.500*

habitantes e a 250 quilômetros ao norte de Belo Horizonte, que foi a última a saber que ele vendeu a sua Praça da Bandeira, por Cr$ 400 mil, sem hasta pública e com escritura passada.

As fotos do ex-prefeito Raimundo Lima mostravam a mecha de cabelos brancos, o resto todo mundo entendia – a imagem recente de Jânio despachando de *slacks* no Planalto; a alusão a Moisés Lupion, que passava pelo governo do Paraná com fama de ladrão; a comparação com o marido traído, sempre o último a saber. Para que falar em falta de vergonha e roubo, se o *lead* informava que a praça foi vendida sem hasta pública e com escritura passada?

A direção do jornal reclamou da despesa, a empresa de táxi aéreo não aceitou pagamento em forma de permuta, mas Fernando Gabeira não ligou. Se era chefe de reportagem, tinha de ser assim. Não me lembro de repercussão maior, mas guardo com orgulho a página amarelada do *Diário de Minas* que testemunhava essa aventura – meu primeiro trabalho como enviado especial.

A gente tinha garra de repórter, mas o campo era muito limitado em Minas Gerais. Os jornais de Belo Horizonte não ofereciam perspectiva para quem, como nós, insistia em fazer do jornalismo uma profissão exclusiva. Salários dignos e estáveis, só no Rio e em São Paulo. Tratasse de ir embora quem quisesse seguir carreira, pois ali não havia mais espaço, fora do quadrilátero *Correio de Minas/Alterosa/Diário de Minas/Última Hora*, cujas redações já havíamos esgotado.

Olhávamos o *Estado de Minas* com desprezo e antipatia, convencidos de que estávamos léguas à frente do jornalismo dos Diários Associados, a cadeia de Assis Chateaubriand, já em evidente decadência empresarial. Ou só decadência parcial? Pois, se vários jornais da rede desapareceram, o *Estado de Minas* reagiu e modernizou-se. Hoje, 40 anos depois, é um dos grandes jornais do País.

Os primeiros acenos para a emigração vieram de São Paulo. Antônio Belucco Marra e Moacir Japiassu, convidados pela edição paulista de *Última Hora*, entusiasmavam-se com ofertas fabulosas de salários três a quatro vezes superiores ao que a gente ganhava – mais de Cr$ 100 mil para redatores ou repórteres.

Samuel Dirceu pesou os prós e os cróis, como diria o falecido Zezé de Oséias, o José Mayrink, meu primo, enfermeiro do hospital de Jequeri. Comparou os preços de engraxate, ônibus e sanduíche, perdeu noites de sono e concluiu que não valeria a pena sair. Mudaria, mais tarde, para o Rio e depois para São Paulo, mas resistiu à primeira onda. Queria concluir primeiro o curso de advogado, ele e o Salomão, apostando numa profissão que jamais exerceriam.

Morávamos em pensões, almoçávamos pratos feitos no bandejão da faculdade e comíamos pão com manteiga na padaria da esquina. Ninguém tinha carro, andávamos de lotação e a pé. Já não havia bondes em Belo Horizonte, uma das primeiras cidades brasileiras a substituí-los por ônibus elétricos, a melhor condução daquela época.

Quando o jornal fechava, íamos tomar cafezinho na Praça Sete. A calçada da Livraria Rex era inesgotável mina de notícias para Dídimo Paiva, o repórter político mais bem informado da terra. Ali, a um quarteirão da antiga Assembléia Legislativa, concentrava-se a vida política de Minas. Meia hora de conversa com deputados enchia colunas de jornal.

– Não troco isso aqui por lugar nenhum – resmungava o Dídimo, vendo os primeiros colegas partirem para o Rio e São Paulo.

Cumpriu a promessa.

Até que tentou um estágio no Rio, onde passou um mês no *Jornal do Brasil,* participou do projeto de reforma de *O Jornal* e recebeu um convite milionário de *O Dia.* Boas oportunidades, tentação demais da conta. Mas ele voltou correndo para Belo Horizonte.

No fim de maio de 1963, decidi tentar o *Jornal do Brasil.* Fui encorajado pelo seu correspondente em Belo Horizonte, José Maria Casassanta, que era também do *Diário de Minas.* Joguei a minha sorte num sábado, comendo feijoada num restaurante boêmio do Mercado Municipal, ao lado da Praça Raul Soares.

– Vou abrir para você a porta mais difícil do Brasil – garantiu-me José Maria, animado pela batidinha de limão. Deu um telefonema para Carlos Lemos, o secretário de redação do *Jornal do Brasil* no Rio, e insistiu na bravata.

– Pode procurar o Lemos, você já é repórter do *JB.*

Não tinha por que não arriscar. Pedi demissão no *Diário de Minas,* abandonei o curso na faculdade sem ao menos trancar a matrícula, jurei fidelidade à namorada e embarquei no Vera Cruz, o noturno da Central do Brasil. Amanheci no Rio, numa terça-feira, 4 de junho.

Tinha uma experiência mínima de reportagem, mas chegava seguro e confiante. Instalei-me no apartamento de uma tia, Elisa Mayrink, no bairro da Tijuca, e na tarde do mesmo dia me apresentei no terceiro andar da Avenida Rio Branco.

Não havia vaga para mim no jornal.

Ao ouvir minha história, Carlos Lemos entendeu a confusão. José Maria Casassanta costumava ligar, com freqüência, encaminhando focas para o *JB* – por coincidência, sempre na euforia de batidas e chopinhos. Lemos não levava o telefonema a sério e aceitava os candidatos, que jamais apareciam.

– Você é o primeiro – admirou-se, prometendo me chamar logo que surgisse uma vaga. Enquanto isso, que eu fosse procurar o *Correio da Manhã*, em fase de reformulação.

Não era a mesma coisa, a decepção era inevitável. O *Correio da Manhã*, que completava então 62 anos, era o jornal que meu pai sempre assinou em Jequeri e tinha, para mim, uma cara familiar e simpática. Mas nada a ver com minha visão de jornalista principiante.

Não custaria tentar.

Quem me atendeu na redação da Avenida Gomes Freire foi José Silveira, um gaúcho de bigodes fartos e cabelos ralos, de conversa curta e fina ironia. Era o chefe de reportagem, o segundo homem depois de Jânio de Freitas, que acabava de assumir o cargo de editor-chefe, contratado por Paulo Bittencourt para modernizar o *Correio da Manhã*, matutino de tradição e prestígio. Foi o jornal que publicou, em 1945, a entrevista de José Américo de Almeida a Carlos Lacerda, decisiva para a derrubada da ditadura de Getúlio Vargas.

Jânio de Freitas, que fizera a reforma do *JB*, era um jornalista jovem e brilhante que eu só conhecia de fama. Trazia, da Avenida Rio Branco, uma equipe básica que incluía, entre outros, José Ramos Tinhorão, Zuenir Ventura, Sérgio Noronha, Fernando Pessoa, Léo Schlafman, Cipião Martins Pereira, Luiz Carlos de Oliveira, Fernando Horácio e José Silveira.

Amilcar de Castro, que havia mudado a cara do *Jornal do Brasil* e que mais tarde abandonaria o jornalismo pelas artes plásticas, se encarregava da reforma gráfica. A novidade era a volta dos fios (riscos que dividem as colunas na página), exatamente o contrário do que havia feito na Avenida Rio Branco. O *Correio da Manhã* ficou mais bonito e mais limpo – uma surpresa que ninguém conseguia entender. Quando foram perguntar ao Amilcar qual era o segredo do sucesso, ele respondeu:

– Se tem fio, eu tiro; se não tem, eu ponho.

Essa resposta incorporou-se ao folclore da profissão e, mais de uma vez, ouvi variantes da explicação atribuídas a outros heróis.

Houve mais novidades. Os editoriais e artigos assinados, por exemplo, passaram para a última página do primeiro caderno. A intenção era dar maior destaque à opinião, marca forte do *Correio da Manhã*, mas a mudança foi um escândalo. Os críticos literários Franklin de Oliveira e Otto Maria Carpeaux, o poeta Carlos Drummond de Andrade e o romancista Antônio Callado eram alguns dos colaboradores do jornal.

Eu não era o único foca da turma. Comigo chegou o paraibano José Nicodemus Pessoa – o Pessoinha, que vinha de São Paulo, depois de ter passado por Belo Horizonte.

Os três meses em que trabalhamos ali foram para nós uma experiência de aprendizado profissional, cujo significado só mais tarde pudemos avaliar. A equipe antiga, mantida intacta, não aceitava a invasão dos novos e resistia a toda mudança, boicotando o projeto de Jânio de Freitas. Havia uma briga interna pelo poder, que eu não conseguia entender, embora sofresse os reflexos dela na pele, na rotina do dia-a-dia.

Uma tarde, José Silveira depositou um revólver na gaveta de sua mesa.

Eu não sabia de onde vinham as ameaças, mas sentia no ar o peso de um clima insuportável. A tensão chegou ao auge com a morte de Paulo Bittencourt, o dono do jornal. Silveira escalou duas equipes para a cobertura do enterro, no Cemitério de São João Batista – os repórteres antigos para trabalhar e os novos para vigiar o trabalho deles. Fizemos, os novos, uma espécie de espionagem de autodefesa, que os colegas do velho *Correio da Manhã* perceberam. Tanto que um grupo deles me interceptou na curva da escadaria interna do jornal, para questionar minha lealdade ao Silveira.

Formávamos duas equipes paralelas e irreconciliáveis. Não me lembro se havia outros repórteres da confiança de José Silveira, só sei que éramos nós dois – Pessoinha e eu – os escalados para as principais missões. Numa dessas pautas, Pessoinha quase perdeu o emprego, por ter deixado de registrar em sua reportagem a acusação de comunista que o governador Carlos Lacerda, do então Estado da Guanabara, fez a Jânio de Freitas, durante um depoimento sobre o assassinato de mendigos no Rio Guandu.

– Demita o repórter – ordenou Jânio a José Silveira, interpretando a omissão como boicote ou traição.

Não era, e Jânio de Freitas voltou atrás.

Com a morte de Paulo Bittencourt, assumiu a direção a sua segunda mulher, Niomar Muniz Sodré. Interrompeu-se o projeto de reforma, Jânio de Freitas pediu demissão.

A equipe decidiu sair, em solidariedade a ele. Aconteceu então uma coisa incrível, que eu jamais poderia imaginar: mesmo sem trabalhar, continuamos a receber, pelos meses seguintes, o nosso salário, que só foi sendo cortado à medida que cada um de nós conseguia novo emprego. Quem pagava era o Banco Nacional que, por intermédio do deputado José Aparecido de Oliveira, planejava lançar um jornal em apoio à candidatura de Magalhães Pinto à Presidência da República.

Interesses e planos políticos à parte, não posso deixar de admirar, nesse episódio, o caráter e a solidariedade de Jânio de Freitas. Ele não tinha a menor obrigação de agir dessa maneira, mas fez questão de manter um compromisso que, no fundo, não tinha para conosco. Pelo menos, comigo e com o Pessoinha.

"Quem casa quer casa", repetia minha sogra, a sábia e previdente Dona Aurora Lembi Ferreira, quando troquei Minas pelo Rio. Minha renda dobrou, mas mal dava para o quarto de pensão. Se queria comprar apartamento, a saída era a Caixa Econômica Federal, cujo financiamento só tinha uma chave: Raul Ryff, secretário de imprensa da Presidência da República, que me conseguiria a assinatura de João Goulart. Jornalistas tinham mordomias, favores, privilégios. Não pagavam Imposto de Renda, por exemplo – era igual a juiz e militar. E, se iam viajar de avião, tinham 50% de desconto no preço da passagem. O desconto era para a empresa, mas sempre se dava um jeito.

A carteira hipotecária estava fechada, só soltava grana, acima de certo limite, se o presidente autorizasse. Disseram-me isso na redação do *Correio da Manhã* e, no mesmo dia, por coincidência, a pauta de José Silveira me mandou cobrir uma solenidade no petroleiro da Frota Nacional de Petroleiros (Fronape), da Petrobrás, que receberia o nome de Goulart. Redigi um pedido em papel timbrado do jornal e embarquei no píer da Praça Mauá com a esperança de abordar Raul Ryff.

Ele não estava lá. Registrei a homenagem, acompanhei a inspeção ao navio, anotei discursos. E já ia desistir, quando dei de cara com o presidente da República numa sala – ele, o ministro da Marinha, o comandante do I Distrito Naval e o comandante do petroleiro. Nada de segurança, ninguém para me barrar. Pedi licença, gaguejei nervoso, tentei entregar o envelope. Os almirantes me encararam. Jango pareceu atrapalhado.

– Estou ocupado, meu filho, mas prometo assinar o pedido amanhã, no Laranjeiras – assim ele se livrou de mim.

Na manhã seguinte, uma sexta-feira, subi a ladeira do Parque Guinle com a carta no bolso. Os guardas me fizeram esperar junto à guarita. De repente, uma buzinada lá embaixo. O portão se abriu e mal tive tempo de ver o presidente passar em disparada, ao volante de sua Mercedes-Benz, sozinho.

De volta à redação, não havia nada na pauta para mim. Mais um dia de decepção e angústia, uma tarde de chuviscos e frio. Sérgio Guimarães, setorista do Laranjeiras, me salvou com um convite irresistível, perguntando se eu não queria conhecer o palácio. Isso mesmo: havia repórteres credenciados, mas qualquer jornalista tinha acesso aos corredores do poder, fosse apenas para matar o tempo. Cartinha no bolso do terno escuro, lá fiquei na aflição de invadir o gabinete presidencial. Impossível.

Por volta das seis da tarde, um alvoroço. Jango ia para Brasília, uma decisão inesperada. Entrei no Dauphine do Sérgio, terceiro carro na comitiva para o aeroporto. Estacionamos ao pé da escada do Viscount presidencial. Jango subiu com o chefe da Casa Militar, parti imediatamente atrás dos dois. Quem vinha depois de mim caiu no degrau, o general voltou para apanhar a chave do camarote fechado, fiquei sozinho com o presidente da República no avião de luzes apagadas.

– Presidente, o senhor me prometeu...

Jango me olhou, leu e assinou.

– Tu mereces, terás teu apartamento para casar.

Dois cartórios não reconheceram a firma. Surpreendentemente, a Caixa aceitou. A assinatura não batia, mas era mesmo de João Goulart. E, quando ele assinava assim, era pra atender, explicou-me um funcionário da carteira hipotecária. Entrei com a papelada. O processo emperrou por causa do golpe de abril, mas acabou dando certo.

O caminho era esse, eu só achei um atalho!

CAPÍTULO 3

"Vamos perder, Jango vai cair", previu Gabeira.
O sucesso de um horóscopo feito com a imaginação.
Na primeira equipe de repórteres especiais do JB.
Os militares da linha dura e a ficha de subversivo.

A Revolução

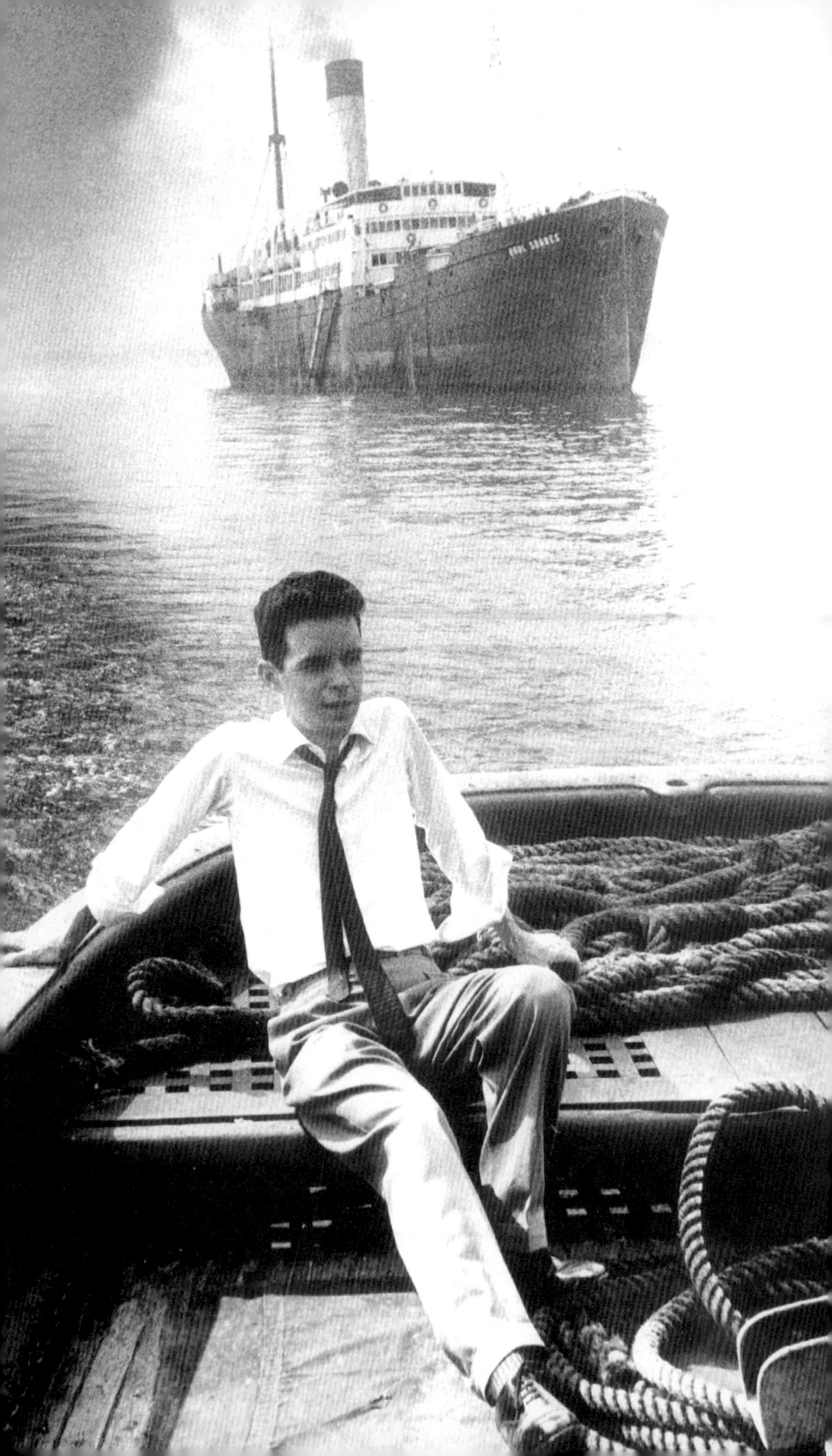

A equipe de Jânio de Freitas só se desmantelou em abril de 1964, quando o golpe militar enterrou, definitivamente, seu projeto, que vinha sendo adiado desde janeiro. Ele ainda pensava no lançamento de um diário (ou era semanário?) de esquerda, e para isso nos mantinha a seu redor. Estávamos numa sala da Rua México, no centro do Rio, onde se discutia o futuro jornal, na hora em que o rádio anunciou um iminente ataque dos fuzileiros navais do almirante Cândido Aragão, fiel a Jango, à trincheira de Carlos Lacerda, no Palácio Guanabara.

Não houve o ataque. O que ouvimos foi um tiroteio nas proximidades do Clube Militar, na Cinelândia, a poucos quarteirões de nosso refúgio.

Eu trabalhava à noite no *Globo*, onde havia conseguido uma vaga de redator, com a ajuda de Isaac Piltcher, Fernando Zerlottini e meu primo Geraldo Mayrink, os amigos que me valeram nas horas mais difíceis que vivi no Rio. O prédio do jornal na Rua Irineu Marinho, assim como a sede do *Jornal do Brasil*, na Avenida Rio Branco, estava ocupada pelos fuzileiros.

Passei pelas sentinelas e fui jantar no bandejão do andar térreo do *Globo*.

– Nossos tanques estão avançando em Resende – informou um repórter, sentando-se a meu lado. Referia-se às tropas do general Amaury Kruel, o comandante do II Exército, em São Paulo, que acabava de aderir à rebelião mineira do general Mourão Filho e marchava contra o Rio.

Não eram os meus tanques, eu torcia pelo outro lado. Não queria, mas era forçado a acreditar no que vinha ocorrendo. Dois dias antes, Gabeira já previra a derrota de Jango. Colaborávamos com o semanário *Panfleto*, um tablóide de esquerda lançado por Leonel Brizola e dirigido pelos jornalistas Paulo Schilling e José Silveira, e estávamos tomando um caldo verde numa lanchonete do edifício Avenida Central, no Largo da Carioca, quando a situação começou a piorar.

– Vamos perder, Jango vai cair – disse Gabeira, usando aí um plural em que eu podia me incluir.

O semanário *Panfleto* foi um dos primeiros alvos da desforra. Policiais e militantes civis de direita invadiram o edifício Santos Vhalis, onde funcionava a redação, na esquina do Largo da Carioca com a Rua Senador Dantas, e quebraram tudo. Não imaginavam a burrice que estavam cometendo. Poderiam até empastelar o jornal, mas certamente não teriam incendiado as salas vizinhas, se soubessem o que havia lá. Numa delas, guardava-se um arquivo precioso, com 100 mil fichas de filiados do Grupo dos Onze – uma organização de base montada por Brizola para apoiar uma revolução popular.

Tremi de medo, pela minha ligação com *Panfleto*, e comentei minha "paúra" com o Gabeira. Queria saber se o Tarso de Castro, secretário de redação do tablóide, teria destruído os documentos a tempo. Eu havia feito três ou quatro matérias assinadas, denunciando maus-tratos a marinheiros nos navios de guerra e a precariedade das casas de Vila Kennedy, construída por Lacerda para abrigar favelados. Minha preocupação eram os recibos de pagamento.

Levei uma bronca.

– O Tarso está arriscando a vida pelos companheiros, ele tem coisa mais importante de que tratar.

Essa resposta me desconcertou, pois era verdade.

O ano de 1964, que significou medo, interrogatório e prisão para tantos jornalistas, embaçou meu horizonte, mas não me trouxe problemas políticos. Ninguém me cobrou as reportagens "subversivas" do *Panfleto*, pois elas não tinham mesmo nenhuma importância, a não ser na minha cabeça. Passado o susto, voltei à rotina de um trabalho surpreendentemente tranqüilo.

Isaac Piltcher, que me havia indicado para copidesque no *Globo*, no fim de 1963, levou-me no dia 7 de abril para a Rio Gráfica e Editora, também de Roberto Marinho, cujas revistas ele dirigia. Lá já se encontravam Fernando Zerlottini e Geraldo Mayrink. Os dois faziam a *Cinelândia*, eu fui ser redator de *Aconteceu*.

Reescrevíamos muito material importado, tarefa sem nenhum brilho, mas agradável. Eu armava também o horóscopo, tirado de minha imaginação, sem nenhuma base científica – ciência, aliás, em que jamais acreditei. Ignorava os astros e fazia previsões a partir de um quadro familiar e concreto – os signos das amigas de Maria José, nessa altura minha noiva, em Belo Horizonte. Podia não ser honesto, mas era muito divertido.

Uma mocinha de Vitória, no Espírito Santo, escreveu à revista, para dizer que nenhum horóscopo antes tinha dado tão certo na vida dela.

Trabalhava das 9 da manhã até 1 hora da madrugada, somando os dois expedientes – *Rio Gráfica* durante o dia, *O Globo* à noite. Morava no bairro de Santa Teresa, na casa de uma espanhola estourada e amorosa, que um dia trocou o marido basco pelo meu colega de pensão. Tinha, lá de cima do morro, uma fantástica visão do porto e do centro do Rio que eu alcançava em 35 minutos, pelo bondinho Paula Matos. Quando o jornal fechava, era só subir as escadarias do bairro de Fátima para chegar em casa.

Nunca ouvi falar em assaltos e não havia pivetes na região.

No começo de agosto, surgiu a prometida vaga no *Jornal do Brasil*, que me ofereceu um salário equivalente à soma do que eu ganhava nos empregos da família Marinho – que, aliás, não pagavam mal. Comemorei como se fosse a conquista de um sonho impossível. E era quase.

– Depois do *JB*, só *The New York Times* – brinquei com meu futuro sogro, João Alcides Ferreira, na primeira vez que voltei a Belo Horizonte. Meu pai ficou orgulhoso em Jequeri, tanto que traiu sua fidelidade ao *Correio da Manhã* para ler o jornal que publicaria minhas reportagens. Foi uma pena. Com o cancelamento da assinatura, interrompeu também a remessa do *Almanaque do Correio da Manhã*, cuja coleção incompleta guardo hoje com muito carinho.

Alberto Dines, o editor-chefe do *Jornal do Brasil*, empenhava-se na valorização do repórter, numa redação que se destacava, naquela época, pelo brilho dos copidesques. Basta lembrar que ali estavam Lago Burnett, Luiz Carlos de Oliveira, Nelson Pereira dos Santos, Aluízio Flores, Marcos de Castro, Sérgio Noronha e José Silveira, o chefe do setor. José Carlos de Oliveira, o Carlinhos, era cronista já consagrado. José Carlos Avelar, crítico de cinema, era o diagramador da primeira página. No Caderno B, estavam Nonato Masson, Léa Maria e Marina Colasanti.

O segundo semestre de 1964 foi um período de transição, de construção de um projeto que só se concretizou no ano seguinte, quando Dines anunciou a formação de um quadro de repórteres especiais. Eu estava nesse esquema, mas não sabia.

Meu primeiro contato não foi com o Dines, foi com o Luiz Orlando Carneiro na chefia de reportagem e com Carlos Lemos na secretaria do jornal. Uma das primeiras matérias que fiz, o perfil de um major da Aeronáutica que completava 15 mil horas de vôo no jatinho Paris, me valeu um elogio e uma bronca do Lemos.

– O texto está excelente, eu ia até assinar a matéria, se você tivesse acertado o nome do entrevistado – disse ele, no meio da redação, jogando uma foto na minha mesa.

Eu havia escrito Jáder, o major se chamava Láder, como mostrava o crachá na foto. Silveira ouviu a repreensão e aproveitou para me dar uma segunda lição.

– A foto sempre confirma ou desmente a informação do repórter – ensinou.

Murilo Felisberto, mineiro de Lavras radicado em São Paulo, estava no *JB* para montar o Departamento de Pesquisa, um projeto pioneiro do Dines que teria futuro exemplar. Murilo cercou-se de profissionais excelentes, como Moacir Japiassu, Luiz Adolfo Pinheiro,

Samuel Dirceu, Adauto Novaes, Geraldo Mayrink, Luiz Paulo Horta e mais meia dúzia de redatores escolhidos a dedo – todos de texto excepcional. Pesquisavam e redigiam material de apoio, às vezes páginas inteiras e cadernos completos que a equipe mesmo editava.

O Caderno Especial (Ano 64), que saiu com 16 páginas, no domingo, 27 de dezembro, foi antológico. Uma perfeição.

Noivo em São Paulo, Murilo passava a semana no Rio e tomava um avião da ponte aérea, toda tarde de sábado. Costumava acompanhá-lo até o Santos Dumont, sempre a pé. Num desses sábados, paramos na Cinelândia para comer pipoca.

– Como vai? – perguntou Murilo ao pipoqueiro, na hora de pagar.

– Tudo bem, mas são 50 cruzeiros – respondeu o pipoqueiro. Nunca pude apurar essa informação, mas tenho quase certeza de que foi o Murilo quem me incluiu no time de repórteres especiais, em janeiro de 1965. Éramos inicialmente nove – Fernando Gabeira, Ivo Cardoso, Otávio Bonfim, Juvenal Portela, Mário Lúcio Franklin, José Gonçalves Fontes, Derly Barreto, Tarcísio Holanda e eu. Nos meses seguintes, Beatriz Bonfim, Gildásio Ribeiro, Fernando Pinto e Sérgio Galvão entraram nessa lista, que nunca deixaria de se renovar.

Meu salário subiu de Cr$ 132 mil para Cr$ 500 mil.

Mais do que a gente, só os supercopidesques, como Roberto Drummond, contratado por Cr$ 700 mil. Era muito dinheiro. Comia-se por 300 cruzeiros nos restaurantes das travessas da Avenida Rio Branco. Minha prestação do apartamento financiado era de Cr$ 58 mil.

Apesar da grana, Roberto Drummond não suportou o Rio e voltou para Belo Horizonte. Não era para menos. Ele morava sozinho, num quarto de fundos de um hotel de Copacabana, escondido do mar, de costas para a Avenida Atlântica. Pediu demissão e recuperou Minas Gerais.

Como Dídimo Paiva, nunca mais saiu de lá.

A frase virou lugar-comum, mas naquela época a gente acreditava que trabalhar no *JB* era viver um estado de espírito. Tínhamos certeza de que fazíamos o melhor jornal do País e nos orgulhávamos disso. Por mais mineiros ou nordestinos que fôssemos, nós nos identificávamos com a alma carioca, obedecendo a uma inconsciente imposição da rotina que ali vivíamos.

Não era de meu gosto nem de meu feitio, mas embarquei nessa onda e comecei a freqüentar o que o Rio tinha de mais autêntico – a quadra de ensaios da Mangueira, o samba de Cartola, o show *Opinião*, os desfiles das escolas na Avenida Presidente Vargas. Praia, no entanto, era programa raro e distante, pelo menos até junho de 1965, quando casei e fui morar na Ilha do Governador. Até jogo no Maracanã assisti – eu, que não sou de futebol.

Quando entrei no *JB*, estava em reforma o restaurante do quarto andar. Os funcionários comiam pratos feitos numa cantina improvisada, onde fui jantar uma noite com o Gabeira. Sentado ao balcão, ele discutia futebol com um sujeito moreno, que eu não conhecia.

– Este é o Armando Nogueira, o da coluna *Na grande área* – confidenciou-me, enquanto o colega se afastava.

Na verdade, tratava-se de um contínuo da redação, que passei a cumprimentar, nas semanas seguintes, como se ele fosse o Armando Nogueira, que estava de férias.

A reinauguração do restaurante foi um almoço-show com a cantora Elizeth Cardoso – uma festa inesquecível. O pessoal do *Jornal do Brasil* adorava esse tipo de coisa, não sei se pela identificação do Caderno B com a vida carioca ou se pelo gosto geral da equipe. Zé Ketti e Elton Medeiros viviam na redação caitituando suas músicas.

Repórter especial fazia pauta para os colegas e entrava na pauta do dia. Não éramos pauteiros fixos, trabalhávamos em rodízio. Teoricamente, era a idéia do Dines, deveríamos nos revezar a cada 30 dias – o que daria, no ano, um mês para cada um. Não funcionou. Compromissos com reportagens e viagens acabaram quebrando o esquema.

Também, não fazíamos só matérias especiais. Uma vez, passei o dia inteiro correndo atrás do ministro do Planejamento, Roberto Campos, até pegá-lo na garagem do ministério, na Avenida Antônio Carlos. A entrevista rendeu apenas cinco linhas na primeira página, mas era uma notícia definitiva: o ministro desmentia um aumento do salário mínimo, que estava sendo anunciado pelo rádio.

– Todo repórter é um filho da pauta – provocava Cesário Marques, uma das maiores estrelas do *JB*, que já havia deixado o jornal quando eu cheguei. Ele escandalizou um auditório de freiras e padres com essa frase, num seminário sobre jornalismo que coordenei para um instituto de pastoral, no Colégio Sion, numa ensolarada manhã de sábado de setembro de 1967. Mais que um divertido jogo de palavras, era um princípio que se levava a sério.

Mas, se era essa a filosofia da redação, Luiz Orlando Carneiro e seu subchefe de reportagem, José Gonçalves Fontes, não nos escalavam para fazer qualquer buraco de rua. Se não havia o que fazer, cavava-se a notícia pelo telefone. Uma tarde, estávamos batendo papo na redação, quando entrou um grupo de cadetes da Academia Militar das Agulhas Negras. Adivinhamos que vinham divulgar sua festa de formatura e tratamos de cair fora, antes que fôssemos convocados para atendê-los. Saímos todos, um para cada lado, a maioria para o banheiro. João Batista de Freitas, mais tarde correspondente em Manaus, repórter especial e editor, escondeu-se debaixo da mesa.

Foi um vexame. Descoberto pelo Luiz Orlando, o Luiz O, ele deu de cara com os cadetes, ao levantar-se do chão.

Os oficiais da linha dura, que não ligaram para minhas denúncias no *Panfleto* em 1964, quase me pegaram um ano depois, quando casei e fui passar a lua-de-mel em Santos. Havia conversado, na véspera do casamento, com um coronel do Exército que, falando em *off*, desancava com os encarregados dos IPMs (inquéritos policiais militares). O coronel criticava seus companheiros de farda que, em vez de simplesmente apurar subversão e corrupção, humilhavam e torturavam os indiciados. Na reportagem que o *JB* publicou, respeitei o *off*, mas cometi a ingenuidade de atribuir as declarações a um oficial de estado-maior ligado ao presidente Castelo Branco.

Foi o bastante para o Exército identificar o entrevistado, que confirmou tudo.

Quando o pessoal da linha dura falou em me prender, a reação foi imediata e firme.

– O que o jornal publicou é verdade, ninguém vai perturbar o rapaz – defendeu-me o oficial, como vim a saber depois, ao voltar à redação. Nunca mais ouvi falar do coronel Sá Martins, mas sempre me lembro desse nome com respeito e gratidão. Ele pagou caro pela sua firmeza e seu caráter, numa época em que qualquer contestação era inadmissível. Ganhou a Medalha do Pacificador, ainda no governo Castelo Branco, mas não foi promovido a general.

Um dos IPMs investigava o passado do ex-presidente Juscelino Kubitschek, cujo mandado de senador por Goiás havia sido cassado. Fui encarregado de acompanhar os depoimentos, que eram prestados a portas fechadas, no prédio do Ministério da Educação. Não cheguei a falar com JK uma só vez, pois os repórteres não tinham acesso aos indiciados. Todas as informações, naturalmente unilaterais e suspeitas, eram dadas pelo porta-voz dos militares, o tenente Gustavo de Faria, do Exército.

– Hoje o presidente vai almoçar estrogonofe, que é prato de comunista – zombou um dia o oficial, falando do cardápio encomendado para o ex-presidente da República num restaurante da esquina.

Lembrei-me desse episódio mais de 20 anos depois, quando Gustavo de Faria – que era genro de um secretário de Carlos Lacerda – reapareceu no Congresso Nacional como deputado federal, fazendo oposição ao regime que ajudara a construir. Esse ex-tenente da linha dura, que em 1965 perseguia a corrupção, renunciou ao mandato em abril de 1990, para evitar o vexame de ser expulso, por desvio do equivalente a US$ 6 milhões do Instituto de Previdência dos Congressistas, do qual era presidente. Abrigava-se então sob a inexpressiva sigla partidária de um certo Prona.

Em 1966, uma série de reportagens do *JB* sobre as universidades brasileiras me inscreveu nos arquivos do Dops carioca. As matérias denunciavam repressão e injustiças contra estudantes e professores do Rio, São Paulo, Brasília e Belo Horizonte, mas não foi isso que me valeu a ficha de subversivo.

Meu crime foi ter identificado um novo tipo de estudante profissional nas faculdades – o policial que se matriculava só para espionar os colegas, assim como os estudantes profissionais anteriores a 1964, os líderes da UNE freqüentavam cursos, que jamais concluíam, para fazer política estudantil.

Só descobri a suspeita dois anos depois, em março de 1968, quando o Dops me negou um visto de saída para o Paraguai, onde deveria cobrir mais uma eleição do general Alfredo Stroessner.

Indignado, o editor-chefe Alberto Dines escreveu uma nota, em tom de editorial, em defesa de seu repórter.

O visto saiu no mesmo dia.

CAPÍTULO 4

Em São Domingos, "Brasileiros, go home".
No Haiti, os perigosos tontons macoutes de Papa Doc.
Salvo pela notícia da morte de Castelo Branco.
A emocionante cobertura da Passeata dos 100 mil.

O Batismo

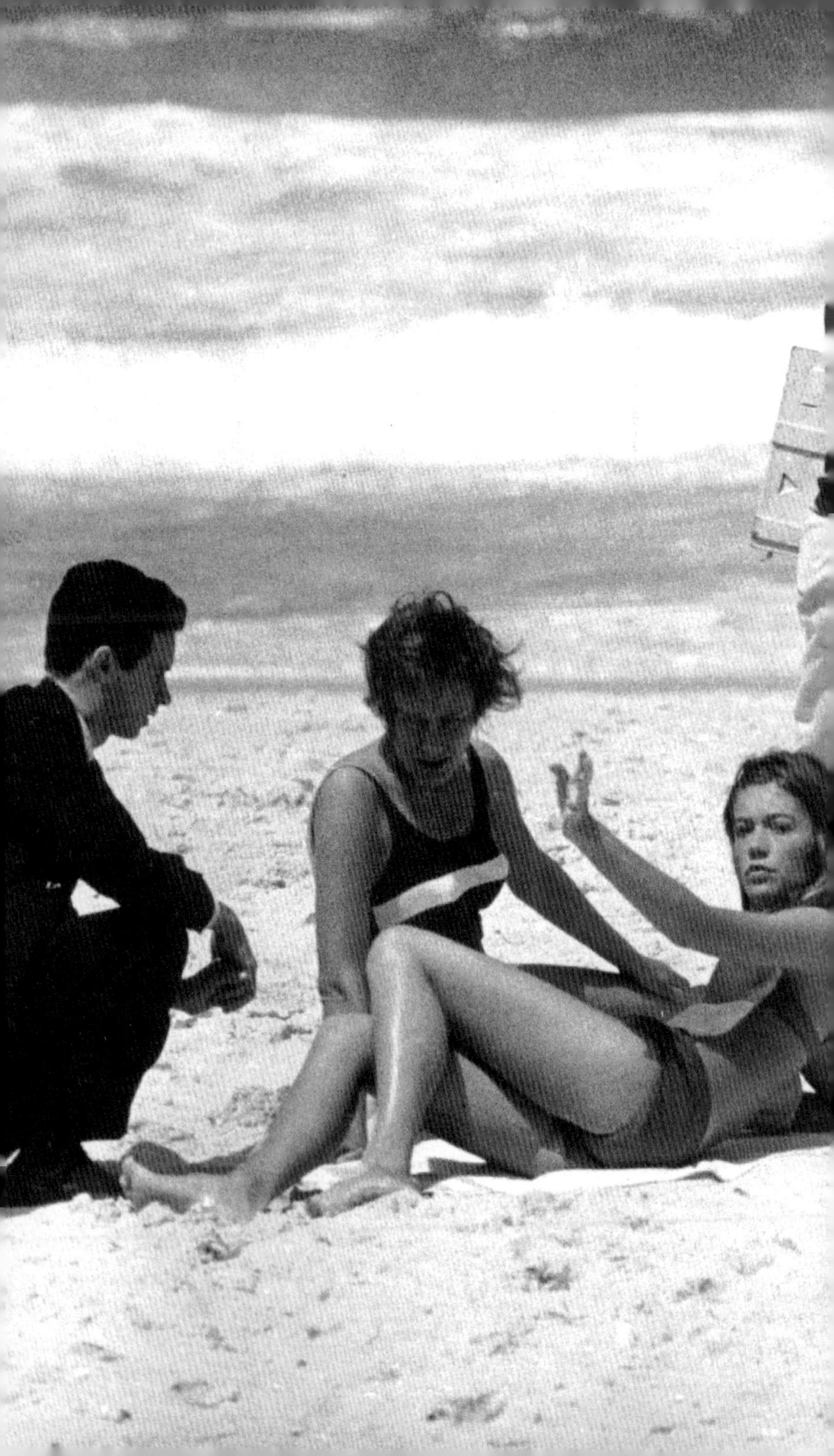

Nunca fui de me assustar com telefonemas inesperados. Ao contrário, sempre sinto um ingênuo orgulho de ser incomodado nas horas mais inconvenientes, quando o jornal vai me buscar em casa para uma reportagem de emergência. Confesso, no entanto, que experimentei uma sensação ambígua – de euforia e angústia – numa manhã dos últimos dias de fevereiro de 1966, ao ser escalado para minha primeira viagem ao exterior.

– Pode não haver uma segunda oportunidade – argumentou o editor-chefe Alberto Dines, num alerta que parecia ser, ao mesmo tempo, incentivo e chantagem. Não era nem uma coisa nem outra, era só uma convocação que agora, tantos anos depois, eu só tenho de agradecer. O Itamaraty queria um repórter do *JB* para cobrir uma conferência econômica da Organização dos Estados Americanos (OEA) no Panamá e eu fora o escolhido.

Não adiantou lembrar que minha mulher entrava no nono mês de gravidez. Era questão de pegar ou largar. Maria José foi para a casa dos pais dela, em Belo Horizonte, e eu fui providenciar meu passaporte. Três dias depois, embarquei num jato Coronado da Varig, em companhia de mais três jornalistas – Glauco Carneiro pela revista *O Cruzeiro*, Sílvio Ferraz pelo jornal *O Globo* e Elio Gaspari pela sucursal carioca do *Diário de São Paulo*, dos Diários Associados.

Valeu o batismo. A viagem, que inicialmente se limitaria à inexpressiva reunião do Panamá, estendeu-se à Guatemala, onde os golpistas de plantão ameaçavam a eleição democrática de Méndez Montenegro. Depois fui aos Estados Unidos e à República Dominicana. Quando nasceu minha primeira filha, Cristina, no dia 22 de março, eu me encontrava a seis mil quilômetros de Minas Gerais.

– Covarde! – reagiu, com indignação de médico, o meu primo José Cândido Mayrink, o *Dr. Deco* da cidade mineira de Rio Casca, quando não me encontrou ao lado de Maria José, na maternidade.

"Covarde". E eu estava em São Domingos, capital da República Dominicana, onde guerrilheiros de esquerda do coronel Camaño Demo reagiam a tiros e bombas à ocupação de seu país pelas tropas da Força Interamericana de Paz (FIP), da qual participava um contingente brasileiro.

A FIP era uma sigla inventada pela Organização dos Estados Americanos para disfarçar o que não passava, na realidade, de uma intervenção dos Estados Unidos. Os soldados do Brasil não chegavam a dois mil – 1.200 recrutas do Exército e 600 fuzileiros da Marinha. Embora a participação norte-americana fosse sete vezes maior, o comandante era um general brasileiro. Fazia um ano que as tropas estavam em São Domingos, quando andei por lá.

Minhas reportagens foram só um balanço da situação, mas incluíam uma constatação que, pela novidade, repercutiu como uma denúncia: os brasileiros eram menosprezados pelo povo dominicano, pelo menos os jovens recrutas do Exército. Sem a experiência das tropas profissionais da Marinha – essas, sim, respeitadas – os recrutas tremiam de nervosismo e medo, ao enfrentar uma situação de perigo real.

"*Brasileiros, go home*", vi e fotografei nos muros da capital do país ocupado.

Quando voltei a Belo Horizonte e escrevi meu relato, o repórter Luiz Fernando Mercadante, da recém-lançada revista *Realidade*, da Editora Abril, me telefonou para confessar um alívio.

– Cheguei de São Domingos com a mesma história, mas o pessoal da redação não queria acreditar – disse Mercadante, grato ao inesperado socorro que recebia do *Jornal do Brasil*.

Talvez tivesse havido outra chance, ao contrário do que previa o Dines, mas devo admitir que essa primeira experiência foi muito valiosa. Dois anos depois, em março de 1968, quando estourou um golpe militar no Panamá, fui de novo enviado à América Central. A viagem estendeu-se dali a Costa Rica, Nicarágua, Guatemala, República Dominicana e Haiti. Grupos guerrilheiros já se levantavam contra Anastacio Somoza na Nicarágua, mas nenhuma reação parecia ameaçar o futuro de François Duvalier, no Haiti.

Passei apenas 24 horas em Porto Príncipe, aonde cheguei com um visto de cortesia "concedido a pedido do embaixador do Brasil" em São Domingos, conforme ficou registrado no passaporte. A embaixada do Haiti alertou que eu só deveria viajar depois que as autoridades de seu país fossem avisadas de minha presença, isto é, dois dias mais tarde. Desconfiado das facilidades que os haitianos prometiam me dar, decidi pegar o primeiro avião disponível para fazer a reportagem antes que os *tontons macoutes* (a polícia do ditador Papa Doc) dessem por mim.

Uma foto que bati à porta da catedral de Porto Príncipe ganhou primeira página no *Jornal do Brasil*.

Sem nenhum mérito do fotógrafo, reconheço. Era uma foto óbvia, eu só precisava disparar o botão. Uma cena curiosa, incrivelmente plástica e jornalística: a foto mostrava um grupo de policiais mulheres, de cabelos longos e brincos, apoiadas em seus obsoletos fuzis, descansando na praça, enquanto o corpo de um general do ditador era encomendado a Deus no interior da igreja.

Roubei, por um dia, o espaço de excelentes fotógrafos que brigavam pela primeira página. Havia um concurso interno e quem publicava mais fotos ganhava um prêmio no fim do mês. Alberto Ferreira, Evandro Teixeira, Alberto Jacob e Kaoru Higuchi estavam nesse time de cobras – uma equipe de muita competência e garra.

Uma vez, duas duplas de reportagem foram designadas para cobrir conflitos de índios que aconteciam simultaneamente em regiões diferentes – uma no Pará e outra em Mato Grosso. Viajei com Alberto Ferreira para Belém, mas a briga acabou antes que conseguíssemos chegar ao Rio Iriri, a leste da Serra do Cachimbo.

Fizemos outras matérias, para compensar os gastos.

Entre as despesas, havíamos comprado botas, repelentes contra mosquitos e remédios para diarréia.

Juvenal Portela e Kaoru Higuchi – que não chegaram a embarcar para Mato Grosso – tiveram de devolver ao jornal todo o material que também haviam comprado. O fotógrafo relacionou um par de botas, frascos de repelentes e... uma caixa de camisinhas. O encarregado do almoxarifado só entendeu essa estranha devolução quando o japonês explicou como fizera a compra na farmácia.

— Repórter vai ficar com índia no mato, precisa de remédio contra barriga — dissera ele, descrevendo o tipo de medicamento de que precisava.

O farmacêutico achou que Kaoru queria preservativos.

As primeiras viagens ao exterior e a regiões da Amazônia me fascinavam. Ao voltar de férias a Jequeri, não perdia a oportunidade de narrar minhas façanhas, crente de que estava fazendo o maior sucesso com meus conterrâneos.

Que nada! Depois da segunda excursão pela América Central, passei uma boa meia hora contando minhas andanças por seis países, do Panamá ao Haiti, com escala extra em Miami, nos Estados Unidos. Os amigos que me ouviam na Praça Tenente Mol, na calçada da matriz de Sant' Ana, prestaram a maior atenção, mas não deram a menor bola.

A não ser Geraldo Pereira dos Santos, o Geraldo Condutor, que sabia coisas do Brasil e do mundo, apesar de limitar seu dia-a-dia ao vai-e-volta do ônibus da linha Jequeri–Ponte Nova.

— Em Madri você não esteve desta vez não? — perguntou o Geraldo, sem imaginar que até ali, março de 1968, eu jamais havia ido à Europa.

Outro exemplo da relatividade que os jequerienses davam a fatos para mim relevantes ocorreu no ano seguinte, quando visitei minha cidade em companhia de um colega de redação, Décio Pedroso. Chegamos num Mercedes-Benz 1962, carro importado de parar o trânsito em qualquer lugar do interior. Menos em Jequeri. Achei que ia abafar. Mas só houve duas reações.

– É a mesma marca do ônibus – observou Zinho Mol, dono de um Aero-Willys, na época o único táxi da cidade.

– Você trocou de carro, está com um azul agora, né, Zé Maria? – foi o outro comentário, dessa vez de Elisa Maria, a Vidinha, empregada de minha mãe.

Eu tinha um fusquina Pé-de-Boi, modelo 1965, de cor bege. Era um carro popular, despojadíssimo, que a Volkswagen fabricava para concorrer com o Teimoso da Willys e com o Pracinha da Vemag.

Para quem mora em Jequeri, e principalmente para quem pouco saiu de lá, qualquer coisa parece possível. Por exemplo, o que ocorreu em 1982, quando o governador Paulo Maluf renunciou ao cargo para disputar uma vaga de deputado federal e passou o Palácio dos Bandeirantes a seu vice, José Maria Marin.

Uma vizinha de minha mãe ouviu esse sobrenome no rádio e correu para comemorar a notícia.

– Quer dizer que o Zé Maria agora é governador de São Paulo, não é, Dona Maria Augusta?

Surpresa e descrente, minha mãe imaginou que houvesse alguma confusão. Mas não adiantou duvidar que fosse eu o sucessor de Maluf.

– Deu na Rádio Bandeirantes, é José Maria Mayrink mesmo!

Diante da insistência da vizinha, Dona Maria Augusta cortou a conversa com esse argumento definitivo:

– Se fosse o Zé Maria, ele teria escrito.

Era ótimo o ambiente de trabalho na Avenida Rio Branco, 110, no centro do Rio de Janeiro. Dines promovia seminários internos de atualização, convidava conferencistas de fora, discutia o futuro do jornalismo. Mais importante do que isso, porém, era o incentivo que ele nos dava.

Dines estava sempre presente na redação, andava de mesa em mesa, discutia o conteúdo e a forma das matérias com os repórteres. Carlos Lemos, o secretário do jornal, era mais seco e muito direto. Uma vez, ele me jogou na cara um texto que eu acabara de escrever.

– Tudo que você pôs aí o *JB* já publicou – disse ele, me devolvendo uma reportagem sobre a Polícia Militar do então Estado da Guanabara, que se recusava a aceitar um oficial do Exército como comandante.

Voltando de férias, eu havia pego o bonde andando, ao entrar na cobertura, sem o cuidado de dar uma olhada nos jornais das semanas anteriores. Engoli a bronca do Lemos, não havia como me desculpar.

Jamais esqueci essa lição.

Em maio de 1967, fui cobrir em Aparecida (SP) a assembléia-geral da Conferência Nacional dos Bispos do Brasil (CNBB), que trocava de comando. Dom Hélder Câmara, um de seus criadores, deixava o comando geral para um bispo mais conservador, até ali pouco conhecido, Dom José Gonçalves da Costa, mais tarde arcebispo de Niterói. Analisando essa mudança, o jornalista Otto Engel, um especialista em assuntos da Igreja, escreveu que a CNBB, que antes tinha cabeça, mas não tinha corpo, começava a ter corpo, mas não tinha mais cabeça.

O comentário, naturalmente, desagradou.

Irritados, os bispos quiseram expulsar Otto da reunião. Os outros repórteres decidiram fazer uma greve em solidariedade ao companheiro. Se Otto não podia entrar, ninguém mais entraria na assembléia. Os bispos negociaram, cederam. Voltei ao Rio com certa sensação de heroísmo. Lemos ouviu meu relato sobre a bravata antiepiscopal e sentenciou:

– Se vocês continuassem a greve, eu mandaria outro repórter. Jornal tem de dar notícia.

Era mais uma lição.

Não havia, naquela época, a formalidade que o respeito à hierarquia acabou impondo, aos poucos, nas redações. O contato de rotina era com Luiz Orlando Carneiro e com José Gonçalves Fontes, chefe e subchefe de reportagem, mas os repórteres transitavam livremente por todo o terceiro andar. Os copidesques, que trabalhavam numa sala com sacada para a Avenida Rio Branco, nos chamavam com freqüência para esclarecer dúvidas dos textos.

Lago Burnett escreveu nessa época um pequeno e objetivo manual de redação, condensando para a equipe do *JB* normas e regras que o *Diário Carioca* de Pompeu de Souza e a *Tribuna da Imprensa* de Carlos Lacerda também já haviam posto no papel.

Chegava ao fim o governo do marechal Castelo Branco, que passou a presidência ao general Costa e Silva, em março de 1967. Vivia-se um período de agitação que começou timidamente e foi crescendo aos poucos, até alcançar o auge no ano seguinte, 1968, quando o assassinato do estudante Édson Luís, no Restaurante do Calabouço – um bandejão vizinho do Aeroporto Santos Dumont, no Rio – desencadeou a onda de protestos.

Aliás, fazia meses que se tentava reagir à ditadura. Um dos primeiros protestos registrou-se ainda em 1966, no *campus* da Universidade Federal, na Ilha do Fundão, onde um grupo de universitários recebeu o marechal-presidente com vaias, no auditório na Faculdade de Engenharia. Houve correria, prisões e, principalmente, uma grande repercussão numa imprensa que ainda conseguia respirar.

Outro episódio, esse ainda mais ousado, ocorreu na cerimônia de sepultamento de Castelo Branco, no Cemitério de São João Batista, em julho de 1967. Um rapaz não identificado improvisou, à beira do túmulo, um discurso contra o regime militar. Foi arrastado dali a pescoções pelos agentes de segurança.

A notícia da morte de Castelo Branco, vítima de desastre aéreo no Ceará, me livrou de uma situação embaraçosa. Eu estava no apartamento de Gilberto Amado para entrevistá-lo, quando soube do acidente.

– Quantos livros meus você já leu? – perguntou-me o escritor, que era membro da Academia Brasileira de Letras e extremamente vaidoso.

Eu não havia lido nenhum, não sabia o que responder. Foi quando o *Repórter Esso* entrou no ar, pela *Rádio Nacional*, com uma edição extra, anunciando o choque de aviões em Fortaleza.

Voltei para a redação com uma declaração de Gilberto Amado sobre a perda de seu conterrâneo e amigo.

Vistos de longe, os 1.065 dias do governo Castelo Branco, que o *JB* condensou num caderno especial de exemplar precisão, dão hoje a impressão de um período de calma e tolerância – talvez porque haja a tendência de compará-lo com tempos piores, com a ditadura sem disfarce que se instalou com o Ato Institucional n.º 5, em 13 de dezembro de 1968.

Não passa de impressão.

Só não se lembra quem não quer. Foram anos de repressão e medo, de suspeitas e prisões, de acusações e torturas. Apesar da integridade pessoal que reconheciam no presidente até os seus mais duros adversários, houve perseguições e injustiças, cassações e arbitrariedades. Os jornalistas foram algumas das vítimas e tiveram de se refugiar em representações estrangeiras para escapar à cadeia.

Um deles foi Guy de Almeida, meu primeiro redator-chefe, no *Correio de Minas*. Asilou-se na embaixada do Chile, no Rio, onde esperou um mês pela concessão do salvo-conduto que lhe permitiria voar para Santiago.

No dia 8 de maio de 1966, Dia das Mães, Guy recebeu finalmente o documento e foi levado num fusquinha ao Aeroporto Internacional do Galeão. Quando ele chegou ao terminal de embarque – ele e mais dois mineiros, Edmur Fonseca e Antônio Romanelli – eu estava à sua espera, de papel e caneta nas mãos. Tentei entrevistá-lo, mas o carro entrou direto por um portão lateral, em direção à pista.

– A última imagem que guardei do Brasil foi você correndo atrás do carro, querendo me falar pelo vidro da janelinha traseira – escreveu-me Guy de Almeida, dez anos depois, me arrepiando de emoção.

Começavam ali 11 anos e 6 meses de exílio no Chile e no Peru. Pai de cinco filhos, Guy deixou tudo para trás e foi tentar a sobrevivência no exterior. O que poderia fazer na profissão, apesar de levar tanto talento na bagagem? "Pensei até em montar uma máquina de descascar laranja, para sustentar a família", revelou 35 anos depois, numa entrevista que fiz com ele para a revista *Jornal dos Jornais*, de Moacir Japiassu, em São Paulo.

Não foi preciso. A ajuda inestimável de companheiros como Darwin Brandão, Hermano Alves e Newton Carlos providenciou contatos solidários que lhe abriram portas providenciais. Em Santiago, Guy de Almeida reencontrou José Maria Rabêlo e Almino Afonso, amigos fiéis de todas as horas.

Costa e Silva, que fecharia de vez o regime, projetava uma imagem de homem ingênuo e bonachão, alvo constante de piadas e gozações. Inventava-se muita coisa, mas havia também tiradas autênticas. O presidente afirmou, por exemplo, numa entrevista coletiva, que o Rio São Francisco era "o rio da integridade nacional". Durante a visita do xá Reza Pahlevi à Academia das Agulhas Negras, em Resende, no Estado do Rio, perguntou ao monarca do Irã se ele não queria lavar as mãos.

O xá queria, e Costa e Silva explicou aos repórteres:
– Perguntei se o xá queria lavar as mãos, porque ele deve estar precisando urinar. Esse é o maior problema que a gente enfrenta nesses programas oficiais. Quando fui aos Estados Unidos, como ministro da Guerra, não via a hora de embarcar no avião para poder ir ao banheiro.

Os jornais do Panamá, onde eu me encontrava em março de 1968, deram apenas notinhas sobre a morte do secundarista Édson Luís. Só pude medir a dimensão da crise que se avolumava ao voltar ao Brasil, um mês depois. As fotos dos padres paramentados que bloquearam a cavalaria da Polícia Militar, à porta da Igreja da Candelária, onde estudantes e intelectuais assistiam à missa de sétimo dia pelo rapaz, não ganharam espaço na imprensa da América Central.

O líder estudantil Vladimir Palmeira, mais tarde deputado federal pelo PT do Rio, fazia discursos, em cima de caixotes, nos comícios relâmpagos da UNE, a então poderosa União Nacional dos Estudantes. O exemplo dos universitários franceses, que erguiam barricadas nas ruas de Paris, encorajava os jovens brasileiros a se levantarem aqui contra a ditadura.

A agitação cresceu.

Em junho, a Passeata dos 100 Mil – assim foi anunciada e carimbada – parou a Avenida Rio Branco, no coração da cidade. Seria apenas uma manifestação de protesto, mas logo se transformou numa guerra, que avançaria tarde afora e só acabaria às 10 horas da noite.

Foi uma das coberturas mais emocionantes que o *Jornal do Brasil* já fez em sua história. A batalha começou bem à porta do jornal, entre a Avenida Presidente Vargas e a Rua do Ouvidor, quando inesperados e invisíveis manifestantes passaram a lançar, das janelas dos prédios, toda sorte de munição – de inofensivos pacotes de papel higiênico a cadeiras de escritório e sacos plásticos cheios de urina.

Os alvos se confundiam.

Os atacantes jogavam o que tinham às mãos tanto sobre os participantes da passeata como nos policiais que a seguiam. A confusão foi total. No final da tarde, a polícia disparava contra as janelas mirando franco-atiradores que não conseguia identificar.

Os repórteres do *JB* estavam todos nessa guerra. Cobri o tiroteio de camarote, se é que posso definir assim a picape Rural Willys da reportagem que me servia de trincheira na esquina da Rua Miguel Couto.

De volta à redação, Alberto Dines me passou os relatos redigidos, às pressas, pelos meus colegas e me encarregou de fazer o texto final.

Estava morrendo de fome e cansaço, uma dor de cabeça insuportável, mas escrevi com muita emoção e orgulho. Foi uma das últimas missões que cumpri no Rio.

Três semanas depois, eu decidia mudar para São Paulo.

CAPÍTULO 5

Apreensão e angústia nos primeiros meses de Veja.
Uma solução de emergência para a Realidade *em crise.*
Muita confusão no melhor jornal da cidade, o JT.
O primeiro repórter a ver Marighella morto.

Dor de Cotovelo

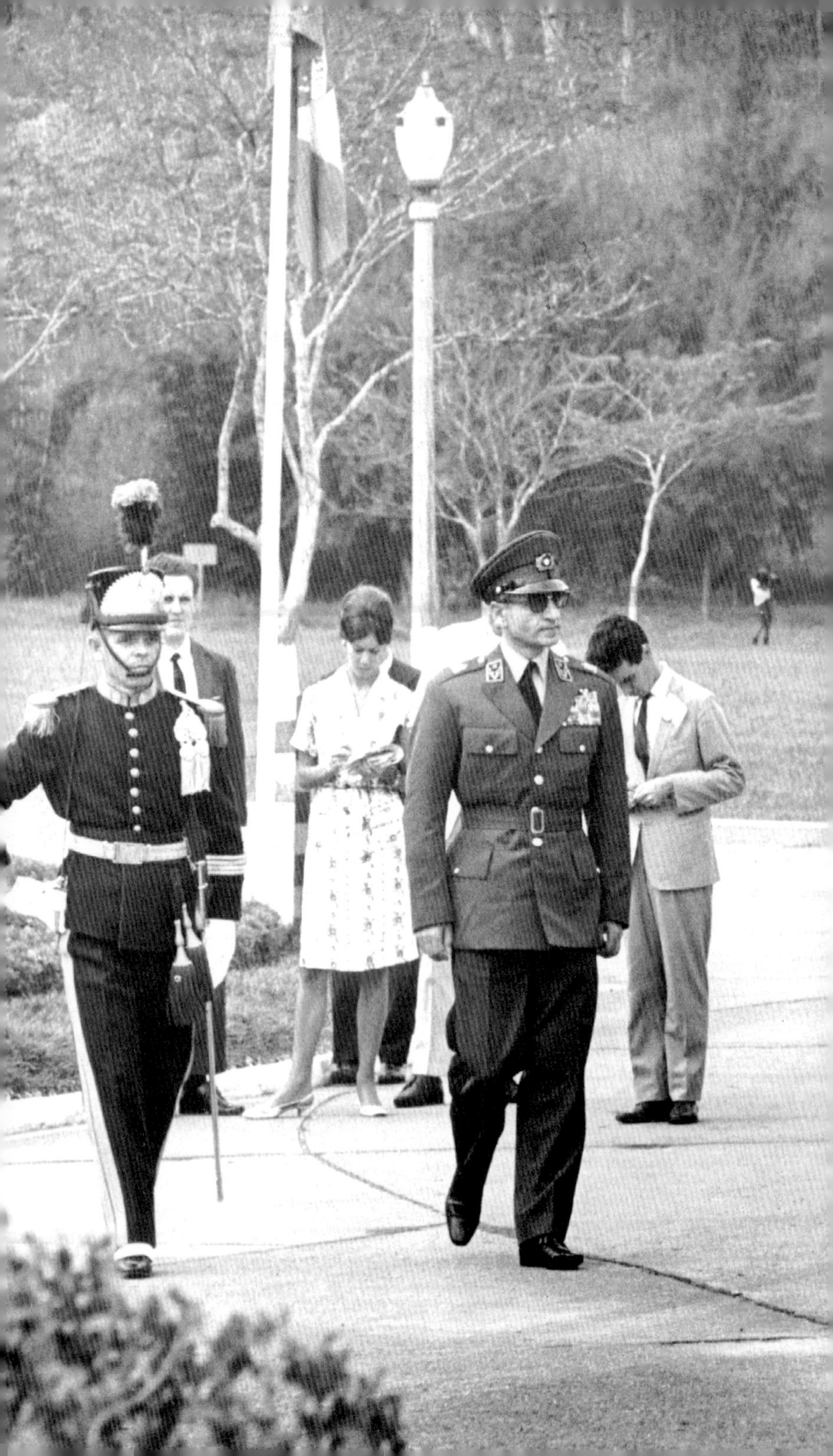

Foi como uma briga de namorados.

Tudo corria bem no *Jornal do Brasil*, no começo de julho de 1968, quando Murilo Felisberto me acenou com um convite para trabalhar no *Jornal da Tarde*, o vespertino paulista lançado dois anos e meio antes pela empresa O Estado de S. Paulo. Não me lembro mais de como se iniciou a discussão, só sei que primeiro pedi demissão na Avenida Rio Branco e depois telefonei para São Paulo. O chefe de reportagem, Luiz Orlando Carneiro, tentou me segurar, perguntando se era só questão de salário.

Não era.

Alberto Dines, o editor-chefe, também interveio. Interceptou-me na escadaria da Editora Bloch, que eu freqüentava com eventuais colaborações para a revista *Fatos e Fotos*, então em sua melhor fase, sob a orientação dele. Casado com uma sobrinha de Seu Adolpho, o dono da empresa, Dines acumulava o cargo de diretor da revista com o trabalho no *JB*. Mantive a decisão de me demitir, e ele não gostou. Deixei o Rio com a sensação de um rompimento injustificável, para o qual jamais haveria perdão.

– Aquilo foi briga de amor, o Dines só não queria perder um bom repórter – comentaria Murilo Felisberto alguns meses depois, quando eu já estava no quinto andar da Rua Major Quedinho, em São Paulo.

O elogio me encheu de orgulho.

Cheguei a São Paulo em agosto de 1968, pelas mãos do Murilo, que me mandara, um mês antes, uma passagem de avião para acertar meu futuro no *Jornal da Tarde*. Apesar disso, fui pousar na Editora Abril, do outro lado do Rio Tietê. Um contato paralelo me levou à redação de *Veja*, onde Mino Carta cobriu a oferta, oferecendo-me um salário de NCr$ 2,5 mil – o dobro do que ganhava no Rio. Murilo me aconselhou a aceitar a vaga.

– Se não der certo em *Veja*, você vem para o *JT* – garantiu-me, com uma promessa que haveria de cumprir cinco meses depois.

Não deu certo. Repórter de jornal, acostumado à correria do dia-a-dia, eu me encontrava diante de um desafio novo que – haveria de reconhecer – não era de meu gosto nem de minha vocação. Fui trabalhar com Tão Gomes Pinto, o editor de Brasil, área em que supostamente me adaptaria melhor. Éramos uma equipe de uns setenta jornalistas, boa parte deles vinda de jornais. Havia também um punhado de jovens inexperientes, que a Abril selecionou nas universidades e lubrificou num cursinho intensivo orientado por José Salomão David Amorim.

Salomão, aquele mesmo do *Correio de Minas* de Belo Horizonte, era professor da Universidade de Brasília (UnB), carreira que interrompeu provisoriamente para atender ao convite de Mino Carta. Não era o único mineiro da turma. Fundadores de *Veja* foram também Carmo Chagas, Geraldo Mayrink, Luiz Adolfo Pinheiro e Samuel Dirceu, todos pioneiros da Marginal do Tietê.

Trabalhávamos cheios de apreensão e angústia. Apesar de o projeto haver sido discutido ao longo de vários meses, a maioria de nós não conseguia captar a receita que Mino Carta trazia na cabeça. Cada número zero que fazíamos, semana após semana, sempre em provas cianográficas, significava dias de sofrimento e noites de insônia. Escrevíamos e reescrevíamos cada texto dezenas de vezes, pois não havia fórmula que agradasse. Os textos voltavam todos riscados com lápis vermelho, devolvidos sem explicações.

Todos, menos os de José Carlos Abbate, meu colega de Brasil, que emplacava suas matérias.

– Qual é o segredo? – perguntamos a ele.

– Tenho uma coleção de exemplares da revista *Time* na gaveta, basta copiar – brincou o Abbate.

Naturalmente, era só uma boa piada – tanto mais que, se o modelo era americano, *Veja* estava mais para *Newsweek* que para *Time*. A insegurança era geral. Profissionais experientes, que a Editora Abril havia buscado nos melhores jornais e revistas do Brasil, pareciam perdidos e confusos, todos vítimas de uma indefinição que avançaria pelos meses seguintes, com os primeiros números já nas bancas.

O lançamento de *Veja e leia* – assim o logotipo provisório driblava a revista americana *Look* – foi um sucesso de 700 mil exemplares. Sucesso efêmero e circunstancial, fruto de uma estrondosa publicidade que atraiu para a Marginal do Tietê toda a curiosidade nacional. A capa do número 1, de 11 de setembro, foi terrível – o símbolo preto da foice e do martelo sobre fundo vermelho – mas não se pode atribuir a essa reportagem sobre "o grande duelo no mundo comunista" o fracasso das edições posteriores.

A queda das vendas foi vertiginosa nas bancas e catastrófica na redação.

A angústia provocada pela busca da fórmula ideal contaminou todas as editorias. A reunião de pauta era um pesadelo, cada manhã de segunda-feira, especialmente para os forasteiros que, como eu, não privavam da roda de Mino Carta. Logo se descobriu que a equipe era superdimensionada para resultados tão discretos, embora ninguém devesse esperar por uma consagração definitiva em tão pouco tempo.

A Abril enfrentava dificuldades com *Veja* em novembro de 1968, quando a revista *Realidade*, a boa estrela da editora, entrou em crise, com a demissão de seus melhores editores e repórteres. A direção da empresa pediu socorro a Mino Carta, que aproveitou para aliviar a redação. Nessa manobra interna, Gabriel Manzano e eu fomos reforçar a equipe desfalcada.

Foi uma situação de emergência, para mim um mês de triste memória. A única lembrança agradável que guardo dessa experiência é uma reportagem feita pelo compositor Adoniran Barbosa com os farofeiros da Praia Grande – um texto delicioso que tive o prazer de fechar como redator interino de uma revista em agonia.

Nessa reportagem, o compositor de *Trem das Onze* relatava em seu divertido quase dialeto do Brás um dia de piquenique com farofeiros da Zona Leste na Praia Grande, no litoral paulista.

No começo de dezembro, devolveram-nos ao sétimo andar. Mino Carta nos recebeu com indisfarçada perplexidade, pois não esperava pela devolução. Só então descobri que não estava mais no expediente de *Veja*, embora não tivesse entrado no de *Realidade*. Foi só um equívoco? Jamais consegui apurar.

Justiça se faça, Mino Carta não escondeu o mal-estar. Surpreso com minha presença em sua sala, perguntou se eu não queria trabalhar na publicação *Intervalo*, uma revistinha de televisão que a Abril editava na época. Não era de meu gosto e não fora para isso que eu havia trocado o Rio por São Paulo.

Apesar de minha paixão pelo *Jornal do Brasil* e pela Ilha do Governador, onde morei três anos, não havia retorno.

Eu morava num sobrado do bairro de Perdizes, tradicional refúgio de jornalistas, pela sua localização estratégica, num raio de seis quilômetros de distância da Editora Abril, da *Folha de S. Paulo* e de *O Estado de S. Paulo*, empresas que investiam nos mercados de outras capitais, em busca de bons profissionais.

Tinha duas filhas pequenas – Cristina e Mônica – que ainda não dependiam de escola e iam se adaptando muito bem à cidade. Para que voltar atrás?

Fui bater à porta do *Jornal da Tarde*, na manhã de 16 de dezembro. Os jornalistas faziam uma greve de protesto contra o Ato Institucional n.º 5, editado três dias antes.

Era, ao mesmo tempo, uma greve contra a arbitrariedade do regime militar e de solidariedade aos patrões. Encontrei a redação vazia, pois só a cúpula estava trabalhando. O diretor Ruy Mesquita, o editor-chefe Murilo Felisberto e o secretário Ivan Ângelo fechavam o jornal com a ajuda das telefonistas e dos contínuos – uma cena de heróica e precária bravura.

– Comece no dia 2 de janeiro – interrompeu-me o Murilo, quando lhe disse que ia sair de *Veja*.

Tirei 15 dias de férias, fui passar Natal e o Ano-Novo em Jequeri, com meus pais.

Na primeira semana de 1969, apresentei-me na Rua Major Quedinho, 28, onde o *JT* dividia o quinto andar com o *Estadão*. O jornal ainda era vespertino, chegava às bancas depois do meio-dia. Com exceção dos repórteres, que entravam à tarde, quase toda a equipe trabalhava à noite, estendendo o fechamento madrugada afora.

Ali, sim, os mineiros dominavam. Ivan Ângelo, Fernando Mitre, Flávio Márcio, Kléber de Almeida, Miguel Jorge, Moisés Rabinovici, Humberto Werneck, Marco Antônio de Rezende, Fernando Morais, Gilberto Mansur, Marco Antônio Lacerda, José Márcio Penido, Dirceu Soares, Nirlando Beirão, Luciano Ornelas, Marco Antônio de Menezes, Ricardo Gontijo... parecia interminável a lista de editores, copidesques e repórteres que Murilo Felisberto, também mineiro, foi garimpar em Belo Horizonte.

A redação do *JT* era uma festa. Ou o contrário, como haveria de testemunhar outro mineiro, Luiz Vilela, no seu romance *O Inferno É Aqui Mesmo*, documento-ficção daqueles anos 70. Valia tudo, ousava-se demais. Não sei de ambiente mais descontraído em jornal nenhum deste país.

"É uma bagunça, uma desordem, um barulho, uma confusão danada: estão fazendo um jornal. O mais bem feito da cidade" – assim uma reportagem da revista *Bondinho*, da equipe ex-*Realidade*, descreveu aquela zona que era o quinto andar da Major Quedinho, em setembro de 1971.

E não eram só os mineiros. A foto de capa do *Bondinho* estampava outros heróis daquela competentíssima e, aparentemente, irresponsável equipe. Fernando Portela, Demócrito Moura, Valéria Wally, Inajar de Souza, Antônio Carlos Fon, Randáu Marques, Anélio Barreto, Percival de Souza, Sandro Vaia, Marcos Faerman, José Eduardo Borgonovi e Silva (Castor), José Nicodemus Pessoa, Rolf Kuntz, Moacir Bueno, Luiz Henrique Fruet, Paulo Chedid, Guilherme Duncan de Miranda, Toinho Portela, Valdir Sanches, Uirapuru Mendes, Gabriel Manzano... todos esses estavam lá.

Quem mais poderia estar faltando?

Carlos Brickmann, Ewaldo Dantas Ferreira, Waldo Polielo, Laerte Fernandes, Yole di Capri, Luiz Carlos Lisboa, José Eduardo Faria, Sérgio Rondino, Ubirassu Carneiro da Cunha, Vital Bataglia e Alberto Helena Júnior eram mais alguns craques do time. Sem falar na Cláudia Batista, a bela repórter que derrubou corações de incontáveis colegas.

Cláudia abandonou o jornalismo e o Brasil para se tornar monja budista e viver de esmolas no Japão. Trinta anos mais tarde, fui reencontrá-la num templo da Rua São Joaquim, no Bairro da Liberdade, na direção de uma comunidade religiosa da colônia japonesa. Cabeça raspada, rosto de asceta, voz tranqüila, um belo sorriso nos lábios, Cláudia Dias Batista de Souza – que agora se chama Coen Murayama – folheou a primeira edição deste livro com a curiosidade de uma menina, perguntando, nome por nome, pelos amigos da redação do *Jornal da Tarde*.

Foi um reencontro emocionante.

Numa fase de contenção de despesas na redação, Murilo Felisberto decidiu dispensar um repórter e pediu a Luiz Carlos Lisboa que lhe comunicasse a demissão.

– Acabo de ficar noivo, vou casar em janeiro, não posso ficar sem esse emprego – foi a resposta do repórter. Lisboa não soube como reagir.

– O rapaz disse que vai casar e precisa do emprego – informou ao Murilo.

Atônito com tal reação, Murilo deixou passar mais um mês e mandou Lisboa voltar à carga.

– Já falei que vou casar em janeiro e não posso sair. Quer me deixar irritado, é tocar nesse assunto!

É claro que a dispensa se consumou, mas o noivo ganhou tempo e algum dinheiro.

Como se vê, há certo exagero nesse negócio de falar em invasão de mineiros, como se todo esse pessoal tivesse vindo de Belo Horizonte, mesmo que fosse via Rio de Janeiro. Alguns, como o Miguel Jorge – que nasceu em Ponte Nova, na Zona da Mata de Minas Gerais, mas cresceu em Campinas – traziam experiência exclusivamente paulista.

Mas como a gente se identificava!

Fui trabalhar na editoria de Internacional, cujo editor era um jovem brilhante, Marco Antônio de Rezende, que vinte anos mais tarde seria correspondente de *Veja* em Roma. Reinaldo Lobo, Décio Pedroso, Ouhydes Fonseca, Alberto Morelli e eu varávamos madrugadas em coberturas memoráveis. O homem foi à Lua, o general Charles de Gaulle morreu, os russos esmagaram a Checoslováquia e, no sempre conturbado Oriente Médio, estava começando a infindável guerra civil do Líbano.

Não foi nenhum desses assuntos, no entanto, a minha grande reportagem.

Foi a morte de Carlos Marighella, na noite de 4 de novembro de 1969. Corinthians e Santos jogavam no Pacaembu e a redação estava quase vazia, quando a notícia chegou pelo telefone. Mandaram-me correndo para a Alameda Casa Branca, nos Jardins, onde o líder da ALN (Ação Libertadora Nacional) acabava de ser baleado.

Fui o primeiro repórter a chegar ao local. O quarteirão estava coalhado de policiais, todos disputando a honra de ter abatido o homem mais procurado pela repressão. O corpo de Marighella estava caído no banco de trás de um Volkswagen, o sangue correndo da boca. Um oficial do Cenimar (Centro de Informações da Marinha) me chamou de lado e reivindicou a autoria do que chamava de ação militar.

A censura proibia notícias sobre guerrilhas e atentados políticos, mas no dia seguinte os jornais encheram páginas sobre a morte de Carlos Marighella. Pela versão oficial, o líder comunista havia sido traído por um grupo de frades dominicanos, que seriam seus amigos e aliados. Não havia como contestar essa história, ela só seria reescrita muitos anos depois. No seu livro *Batismo de Sangue*, de 1982, Frei Betto (Carlos Alberto Libânio Christo) conta uma versão muito diferente.

Vivi uma noite de terror. Eu morava na Rua Caiubi, a mesma do Convento de São Domingos, no bairro de Perdizes, que a polícia patrulhou por toda a madrugada. Além de freqüentar a igreja dos dominicanos – minha paróquia afetiva em todos esses anos de São Paulo, embora sempre tenha morado fora de seu território – eu tinha laços estreitos com os padres. Alguns dias antes da prisão e morte de Marighella, dois dos frades envolvidos no incidente – frei Fernando de Brito e frei Ivo Lebauspin – haviam estado em minha casa, para me pedir que abrigasse um casal pernambucano da Juventude Operária Católica (JOC), que passava por São Paulo, fugindo para o Uruguai.

Tive medo e recusei a hospedagem, alegando a falta de segurança de meu sobrado, muito devassado. Era verdade, mas nem por isso deixei de sentir a consciência pesada. Quando procurei frei Fernando, na Livraria Duas Cidades, para falar de minha angústia, ele me tranqüilizou.

– Era apenas uma alternativa, o casal já está em Montevidéu – garantiu-me o frade. Poucas semanas depois, Inajar de Souza, o repórter policial do *JT* que cobria a área, me convidou, com outros colegas, para assistir a um vídeo no Departamento de Ordem Política e Social, o Dops. Era uma tarde de sábado, dia de plantão no jornal, que não saía no domingo. O documentário foi uma punhalada para mim – o Inajar, que morreria de câncer em janeiro de 1977, jamais soube disso. Tratava-se, segundo a polícia, de uma prova definitiva de que os dominicanos de Perdizes eram comunistas e haviam traído Marighella.

Não me convenci.

Os frades acusados de subversão desfilavam pelo vídeo respondendo com monossílabos a um interminável interrogatório. A gente ouvia só a voz deles, nunca a do interrogador que, mais tarde, se afirmou ser o jornalista Lenildo Tabosa Pessoa, na época editorialista do *Jornal da Tarde*. Lenildo, que morreria anos depois num acidente de avião, sempre refutou essa acusação.

O meu pavor foi tanto, que decidi queimar, numa fogueira improvisada no quintal, os poucos livros de minha modesta biblioteca que pudessem ser considerados suspeitos. Um deles – *O Poder Jovem*, do jornalista Arthur José Poerner, que citava minha reportagem sobre a infiltração de policiais nas universidades, a partir de 1966 – eu ainda consegui recuperar num sebo. Mas houve perdas irreparáveis. Por exemplo, a fotocópia do despacho do presidente João Goulart, autorizando o financiamento da Caixa Econômica Federal para a compra de meu apartamento, no Rio.

Apesar do medo, não traí minha fidelidade aos dominicanos. Não deixei de freqüentar a paróquia de Perdizes, em todos esses anos, mesmo quando a igreja se esvaziou, estigmatizada pela suspeita de subversão. Quase todos os frades foram presos, todos sofreram muito, alguns não agüentaram a barra e abandonaram o convento. Várias vezes me sentei ao lado de agentes do Dops que assistiam às missas para vigiar os sermões.

Na Sexta-Feira Santa de 1971, a comunidade celebrou a Paixão de Cristo depositando rosas vermelhas no altar, ao ritmo de uma pungente balada de Dorival Caymmi.

Minha jangada vai sair pro mar,
vou trabalhar, meu bem-querer.
Se Deus quiser, quando eu voltar do mar,
um peixe bom eu vou trazer.
Meus companheiros também vão voltar
e a Deus do céu vamos agradecer.

Cantando a tristeza dos pescadores, a gente chorava de emoção, pensando nos frades que sofriam no cárcere.

Quando escrevi uma série de reportagens sobre a solidão para *O Estado de S. Paulo*, 12 anos depois, lembrei-me do sofrimento dessa época e fui entrevistar Frei Betto, um dos dominicanos presos e torturados. Ele havia passado um mês e meio incomunicável numa solitária.

Um trecho de seu depoimento:

> *Minha preocupação era evitar a insônia, inimiga da imaginação, da qual nascem os medos e os pecados. Eu tratava de dormir somente à noite e, para isso, preenchia todo o tempo do meu dia: dava aulas de Teologia, Filosofia e Literatura, andando e falando alto. Os carcereiros achavam que eu estava ficando louco, mas na verdade eu combatia a loucura. Eu cantava, recitava e rezava, sem dar chances à fantasia... Gostava também de me colocar na presença de Deus, numa oração de quietude, sem palavras, sem imagens, sem pensamentos, algo parecido com a ioga.*

Foi um dos testemunhos mais emocionantes que já ouvi em minha vida de repórter.

CAPÍTULO 6

Barreiras policiais no caminho de volta para casas.
Prêmio Esso com a série "Receita para São Paulo".
Em defesa das faculdades de jornalismo.
O incêndio do Andraus e a deposição de Allende.

Anos de Medo

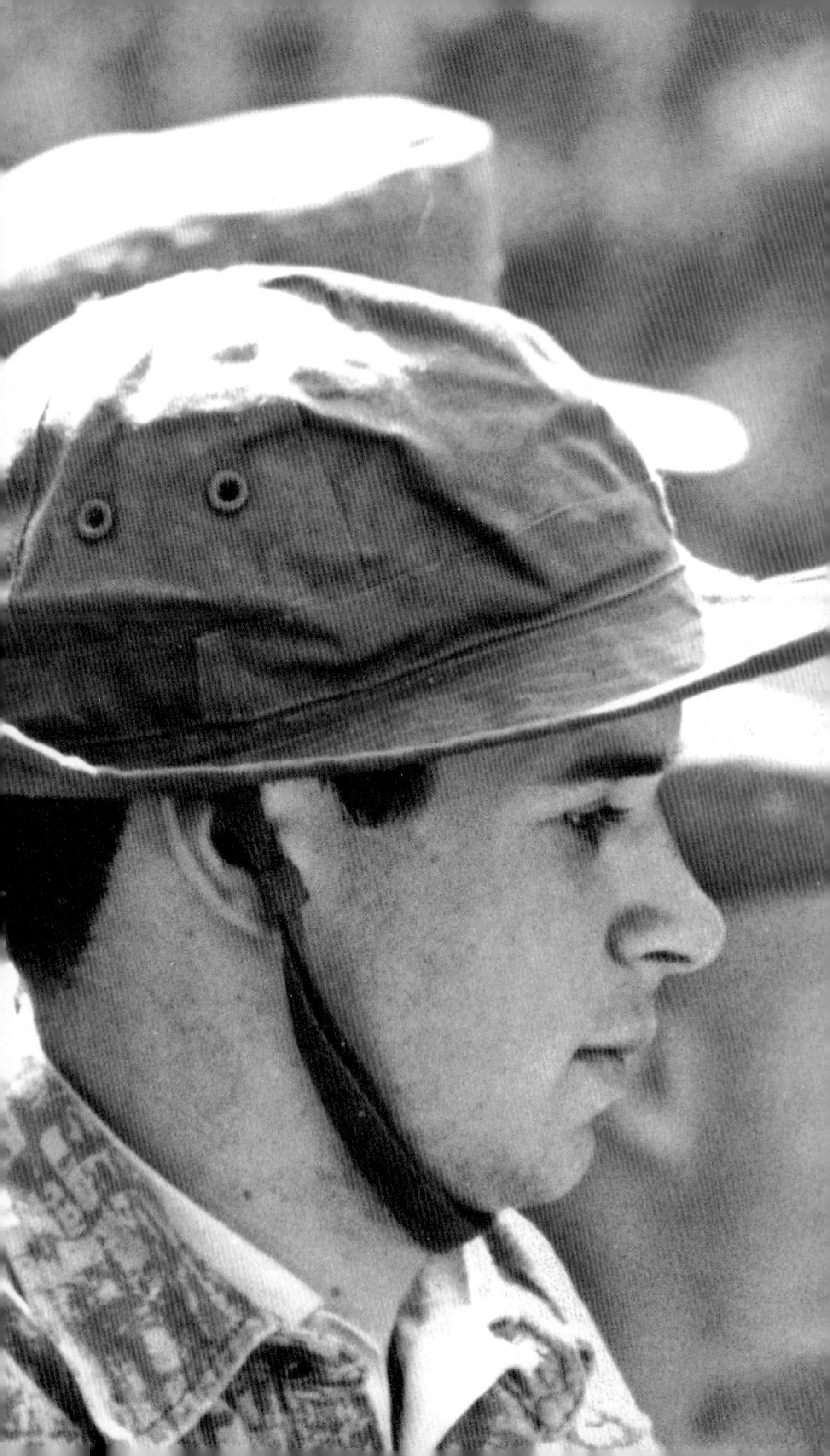

Não havia lugar melhor para trabalhar em São Paulo, mas o horário era duro, das 7 da noite até só Deus sabia quando. Duro e divertido. As madrugadas passavam rapidamente na redação do *Jornal da Tarde*, onde a gente escrevia dando gargalhadas. Fernando Portela, o editor de reportagem, diagramava as páginas recitando letras de música com seu sotaque pernambucano, carregando em cada verso, como se estivesse declamando poemas.

Meu bem, meu bem,
cada vez que eu te beijo,
meu bem, mais aumenta o meu desejo.
Me acende com o teu beijo,
Han, han, han,
me acende.

Flávio Márcio embarcava na deixa do apelo de Erasmo Carlos e fazia piadas finíssimas.

– Marido de amiga minha para mim é homem – provocava Flávio Márcio, proclamando sua condição homossexual com uma brincadeira criativa, numa época em que os homossexuais assumidos ainda eram raros nas redações.

Marco Antônio de Menezes, outro que não disfarçava suas preferências amorosas, improvisava shows em cima das mesas.

Inajar de Souza passava trote nos focas. Carlos Brickmann ria das próprias gracinhas, enxugando em papel de lauda as mãos sempre suadas. Era repórter da editoria de Política, onde Ewaldo Dantas Ferreira pontificava e José Eduardo Faria, hoje professor-doutor da Universidade de São Paulo, ensaiava os primeiros passos de jornalista. Ewaldo sumia, semanas inteiras, para reaparecer depois com suas revelações-bomba. Uma delas foi a localização do nazista Klaus Altmann-Barbie, o "Carrasco de Lyon", que ele entrevistou na Bolívia.

Não havia horário rígido para o fechamento, a gente não saía antes das 4 horas da manhã. No dia em que os astronautas americanos chegaram à Lua, em 1969, já havia sol quente quando descemos o elevador para a Rua Major Quedinho. Meu carro, estacionado no viaduto durante a noite, estava multado – a única multa que levei por estacionamento proibido em mais de 30 anos de São Paulo.

Meu caminho de volta para casa passava pelo bairro do Pacaembu, onde freqüentemente era interceptado por barreiras policiais em busca de terroristas. Era de dar medo, os homens partiam para cima da gente apontando metralhadoras. Naquela época, qualquer cidadão era suspeito, até prova em contrário.

A onda de bombas, atentados, assaltos e seqüestros políticos estava começando. Os repórteres da editoria de Polícia, como Inajar de Souza, Percival de Souza, Antônio Carlos Fon e Valdir Sanches, eram sempre acionados, mas não só eles. No meu caso, o episódio da morte de Carlos Marighella confirma a exceção.

Vivia-se uma rotina de sobressalto e medo, mas nunca presenciei uma cena de violência. Mais comum era a gente ter de recuperar fatos já ocorridos, valendo-se, na falta de testemunhas mais confiáveis, da versão exclusiva da polícia.

No final de 1969, voltei à reportagem. O *Jornal da Tarde* estava lançando uma página diária de cobertura de vestibulares, em convênio com o Curso Objetivo, de João Carlos Di Genio, um jovem e rico médico recém-formado que começava a montar, no bairro da Liberdade, a organização gigante que hoje vai do maternal à universidade.

Era uma inovação. Publicávamos testes de múltipla escolha para preparar os candidatos, dávamos matérias-aulas complementares sobre as questões mais difíceis, corrigíamos as provas, fornecíamos ao gabaritos após cada exame. Os professores do cursinho demonstravam uma agilidade incrível para nos fornecer, cada fim de noite, o material que Sérgio Rondino e eu editávamos no jornal.

As vendas cresceram 10 mil exemplares nas bancas.

O jornal tinha dinheiro, tempo e espaço para investir em grandes reportagens. As coberturas mais importantes mobilizavam vários repórteres e fotógrafos. E todos faziam de tudo. A equipe de Murilo Felisberto colecionava prêmios após prêmios – era só fazer a inscrição.

O primeiro que ganhei foi o Imprensa, do governo do Estado, para quatro páginas sobre o livro. Pauta e edição de Fernando Portela: "O livro: Quem Escreve, Quem Edita, Quem Lê". Esses eram os subtítulos que, como se vê, abrangiam todo um processo. Não sei quanto recebi, só me lembro de que o dinheiro deu para renovar o quarto das crianças.

Foi no *JT* que minha geração se livrou do *lead* imposto como camisa-de-força pelo manual do *Jornal do Brasil* e seus seguidores. Nada de nariz-de-cera, é claro, pois sempre se buscava uma abertura bem construída, capaz de cativar o leitor. A liberdade era tanta que, às vezes, se exagerava. Veja-se, por exemplo, como abri uma reportagem com o sociólogo Jacques Lambert, autor do antológico *Os Dois Brasis,* quando ele participou de um seminário na Universidade de São Paulo, em setembro de 1971:

> *Jacques Lambert – 70 anos de idade, 34 anos de paixão pelo Brasil – está levando para a França os resultados do Censo de 1970 e um litro de cachaça Tira Mágoa, fabricada no município de Jequeri, na Zona da Mata mineira. É assim que ele faz, todas as vezes que volta aqui, desde sua primeira viagem ao Rio Grande do Sul, em 1937. Recolhe os últimos dados demográficos do País e leva lembranças e coisas da roça que ainda não tenham sofrido contaminação das cidades.*

Produzida pelo meu tio Alarico Augusto Gomes, no Sítio do Bálsamo, a pinga bem que merecia o elogio. Tanto assim que ganhou uma referência indireta de Carmo Chagas, no terno romance *Vesgo,* incrível aventura de um pastor alemão que percorre mil quilômetros à procura de sua dona, Majô, que havia voltado de São Paulo para Minas Gerais.

Elogio merecido, mas dar *lead* e até título – Um bom produto: Tira Mágoa – era demais.

No primeiro semestre de 1971, Ruy Mesquita estusiamou-se com a sugestão de um engenheiro e mandou fazer uma série de reportagens sobre os problemas urbanos da capital. José Carlos de Figueiredo Ferraz acabava de assumir a prefeitura e a intenção era apontar soluções para os problemas da cidade.

Ricardo Gontijo e eu fomos escalados para coordenar esse trabalho, que deveria correr em duas vias paralelas. Ao mesmo tempo que técnicos de diversas áreas, mais de 70, discutiam os desafios da metrópole, nós saíamos para as ruas em busca de exemplos concretos.

A série "Receita para São Paulo", que rendeu sete reportagens bem ilustradas, em edição de Fernando Portela, Sandro Vaia e Anélio Barreto, ganhou o Prêmio Esso de Jornalismo. Eu não esperava, nem queria inscrever a reportagem, mas Gontijo acreditou nela e insistiu. Quando o júri anunciou a classificação, vi que ele estava certo.

Foi uma boa série de reportagens, oportuna e fértil. Várias sugestões apresentadas pelos técnicos foram colocadas em prática. Por exemplo, o código de endereçamento postal dos Correios, hoje um guia indispensável.

Ricardo Gontijo – que já havia ganho outro Prêmio Esso com a Transamazônica, uma reportagem feita em parceria com Fernando Morais, mais tarde deputado e secretário estadual de Cultura e de Educação em São Paulo – vibrou com mais essa vitória.

Comemoramos a conquista com certa algazarra. Mas não é verdade que Gontijo me deu um beijo no cangote, como ele escreveu em seu livro *Prisioneiro do Círculo* (Civilização Brasileira).

O Prêmio Esso, ninguém vai negar, é uma consagração para qualquer repórter.

Concorri a vários outros prêmios e ganhei mais alguns – o Prêmio Rondon de Reportagem em 1972, pelo *Jornal da Tarde,* e o Prêmio Fenaj de Jornalismo em 1990, pela revista *Família Cristã,* por exemplo – mas isso não me impede de questionar as regras adotadas para premiação de jornalistas.

Em vez de a gente se candidatar, se inscrever, acho que seria melhor uma indicação. Os patrocinadores poderiam encarregar comissões permanentes de rastrear os melhores trabalhos publicados pela imprensa e de escolher os vencedores, sem necessidade de inscrição.

Sei que seria um pouco complicado, mas não impossível. Seria mais honesto e, principalmente, mais confortável. Acho constrangedor esse esquema de cada concorrente ter de preencher sua ficha.

Não me levem a mal os colegas premiados, não é isso que vai tirar o valor de suas boas reportagens.

Apesar dessas restrições pessoais, aceitei o convite para participar da comissão de jurados do Esso em 1998.

Além de nome, prestígio e dinheiro, o Prêmio Esso tinha, na época, a participação da Varig, que oferecia uma passagem aos Estados Unidos ou à Europa. Consegui negociar um triângulo e voei para Lisboa, via Nova York.

Ao desembarcar em Manhattan, eu e minha mulher, Maria José, fomos visitar a sucursal da revista *Manchete,* na Quinta Avenida.

– Era a própria Minas Gerais entrando na redação – brincou o repórter Lucas Mendes, festejando a nossa mineira invasão.

Na sucursal da Editora Abril, o correspondente Luiz Fernando Mercadante nos levou à janela para descrever o roteiro que nós, turistas apressados e caipiras, deveríamos fazer, contornando a ilha numa excursão de barco. Aconselhou-nos a subir ao Empire State para admirar 60 quilômetros de horizonte, mostrou a biblioteca na praça, apontou a Estátua da Liberdade e finalmente, baixando a voz, identificou um sujeito debruçado sobre uma velha máquina de escrever, ali a três metros da gente.

Era Paulo Francis trabalhando sua coluna num canto da sala.

Em dezembro de 1971, concluí o curso de Jornalismo, que havia retomado dois anos antes, depois de oito anos de interrupção. Não precisava de diploma, pois já tinha o registro profissional, mas quis voltar à escola para me livrar de incômoda sensação de obra inacabada. Planejava também dar aulas – uma experiência que cheguei a tentar na própria Faculdade de Comunicação Cásper Líbero, pela qual me formei.

Valeu a pena retomar o curso. Talvez não tenha aprendido grandes coisas nas matérias mais técnicas (que, por falta de recursos, acabavam sendo muito teóricas), mas aproveitei bem as outras áreas. O romancista José Geraldo Vieira e o poeta Péricles Eugênio da Silva Ramos foram dois bons professores que tive no quinto andar da Avenida Paulista, 900.

Pai de três filhas (Luciana acabava de nascer), 33 anos de idade e nove de profissão, eu era o aluno mais velho da turma. Edson Paes de Mello e Cida Damasco, com os quais trabalharia no *Jornal da Tarde* e no *Estadão*, eram meus colegas.

Formado, fui coordenar o jornal-laboratório *Imprensa*, que os alunos soltavam duas vezes por semestre. Era tudo muito precário, suado, incerto. Mas, folheando hoje a coleção, surpreendo-me com a boa qualidade do tablóide. E surpresa maior foi redescobrir, nas páginas amareladas, reportagens de Célia Chaim – a mocinha que, vinte anos depois, seria minha chefe de Redação na sucursal do *Jornal do Brasil*, em São Paulo.

O titular era Gaudêncio Torquato, eu era só um assistente improvisado que assumia o jornalzinho por causa de um qüiproquó dele com o terceiro ano. Quando essa turma se formou, desisti da carreira de professor. Seria muito difícil conciliar um trabalho sério na faculdade com as pautas imprevisíveis da redação. Percebi que não teria muito o que ensinar, se não estudasse mais, se não pesquisasse. Senti que estava começando a me repetir.

Sou um defensor convicto da formação acadêmica, não pela simples exigência do diploma, mas pela base teórica e até profissional que a universidade pode oferecer. Por que não permitir que os estudantes façam estágios nas redações, checando e aplicando na rua o que os livros ensinam? Se há risco de exploração – como ocorreu em vários jornais que usavam estagiários, pagando baixos salários ou não pagando nada –, uma boa fiscalização dos sindicatos de jornalistas pode evitar os abusos.

O problema não é a incompetência do ensino, são os currículos ruins, malfeitos. Reconheço, entretanto, que não é fácil conciliar duas coisas – teoria e prática. A tentação de jornalistas-professores sem base acadêmica é falar de sua própria experiência, contar suas histórias, convidar amigos para palestras e conferências aos alunos. Isso funciona por algum tempo, mas logo a munição se esgota.

Caí nessa tentação, mas arrependi-me a tempo do pecado.

Naqueles primeiros anos, o *Jornal da Tarde* preocupava-se muito pouco com o dia-a-dia. Selecionava os grandes assuntos – ou o grande assunto do dia, como se costumava dizer – qualquer que fosse a área. Os repórteres especiais tinham tempo e espaço para apurar e escrever suas matérias. Se não havia pauta, a gente ficava ali pela redação ou saía para uma voltinha pelos arredores. Consolação, Ipiranga, São Luís, República – o Centro era ainda tranqüilo e cheio de atrações.

Cinemas, botecos, livrarias, tudo era programa. Fernando Mitre costumava fazer hora na cidade, vendo e revendo filmes após filmes, antes de ir trabalhar.

Minha sogra, Aurora Lembi Ferreira, que passou pela redação num começo de tarde, saiu dali escandalizada. Acostumada ao ritmo do marido ferroviário – batente das 7 da manhã às 7 horas da noite, todos os dias – ela não conseguiu respirar o clima da Rua Major Quedinho.

– Uns telefonando, outros lendo jornal, a maioria batendo papo... Agarrado no serviço mesmo não tinha quase ninguém – relatou minha sogra, ao chegar em casa, incapaz de entender que repórteres e redatores estivessem mesmo trabalhando. Produção, para ela, significava papel na máquina de escrever, o teclado repicando, esforço visível, material.

E olhe que naquela época não havia computador. Fora do pico do fechamento, quando o nervosismo do *deadline* atropela o relógio, a impressão de vagabundagem geral hoje seria ainda maior.

A competente equipe do *JT* era criativa e ousada. Valia quase tudo. Ficou na história, por exemplo, um título que Chico Santa Rita, mais tarde publicitário e marqueteiro eleitoral, improvisou para uma reportagem sobre a inauguração de uma lanchonete no centro da cidade.

"De repente, fila para comprar pão de queijo!" – espantava-se o título, festejando a estréia de mais uma invasão mineira que faria sucesso no cardápio paulistano.

Outra improvisação que ficou famosa nasceu da angústia de um redator que, às voltas com mais denúncias de corrupção e fraude contra o empresário J. J. Abdalla, reclamou em voz alta de sua incapacidade de titular a matéria.

– Esse homem não merece um título!

A exclamação virou manchete de página, bem na linha editorial do jornal, que fazia campanha cerrada contra o industrial. Dono de uma fábrica de cimento, J. J. Abdalla, "o mau patrão", enfrentava uma greve de operários que brigavam por seus direitos trabalhistas com apoio do advogado Mário Carvalho de Jesus, da Frente Nacional do Trabalho, instituição católica defensora da não-violência.

Na tarde de 24 de fevereiro de 1972, eu estava matando tempo na Livraria Duas Cidades, na Rua Bento Freitas, quando uma coluna de fumaça começou a subir dos últimos andares do Edifício Andraus, a três quarteirões de distância. Telefonei para o chefe de reportagem e, dali mesmo, num posto privilegiado, cobri o primeiro dos dois maiores incêndios de São Paulo.

Em poucos minutos, toda a equipe do *JT* estava lá.

Vi as chamas crescerem e as pessoas pularem lá de cima, numa cena de desespero que se repetiria, dois anos depois, no Edifício Joelma. Agüentei firme até o final da noite, só libertei minha emoção muitas horas mais tarde, depois de escrever o meu relato na redação. Quando fui me deitar, não suportei mais a pressão: desabei em soluços, revendo aqueles vultos caindo no vácuo, o sangue no asfalto, os corpos nas macas, os rostos suados dos bombeiros, os helicópteros descendo no terraço, o horror nos olhos de uma multidão que gritava e se contorcia impotente. Foi uma tragédia de 16 mortos e mais de 300 feridos.

Trinta anos depois, escrevi uma página para o *Estadão*, no qual voltara a trabalhar, sobre a história e alguns personagens do incêndio. Fui então à Duas Cidades, para checar a memória. Medi o ângulo que tinha da Rua Aurora, de onde acreditava ter testemunhado o horror de 1972. Estranhei que não tivesse dali, como imaginava, uma visão perfeita dos fundos do Andraus. Fiz duas ou três perguntas e a diretora da livraria, Maria Antônia Pavan de Santa Cruz, me refrescou a lembrança.

– Sei quem é você: é o Mayrink, o repórter que cobriu daqui o incêndio do Andraus – disse Maria Antônia, apontando com exatidão a mesa da qual eu havia telefonado para o jornal. Ela tinha conferido na edição de 25 de fevereiro o texto da reportagem que me vira fazer a seu lado.

– A gente acompanhou o incêndio da porta da livraria, porque não existia esse prédio que construíram ali onde havia antes um estacionamento.

Como outras testemunhas, Maria Antônia guardou pormenores da tragédia. Todas as pessoas que ouvi, 30 anos depois, falavam dela com detalhes, descrevendo

cenas e repetindo diálogos como se tivesse ocorrido uns dias antes. O coronel Roberto Lemes da Silva, por exemplo. Comandante do grupo de salvamento que retirou 40 vítimas pelo teto de um prédio vizinho, ainda ouvia ressoar a voz de uma funcionária da Petrobrás que, olhando-o nos olhos, repetia sem parar:
– Bombeiro, eu quero viver!

Na manhã de 11 de setembro de 1973, eu voltava com minhas filhas Cristina e Mônica da aula de natação, quando o rádio do carro anunciou o golpe militar contra o presidente Salvador Allende, no Chile. Foi chegar em casa e arrumar as malas. O jornal queria que eu tomasse o primeiro avião para Santiago. Como a fronteira chilena estava fechada, com todos os vôos suspensos, o jeito era entrar em todas as listas de espera possíveis. Carlinhos Brickmann, que estava em Buenos Aires para outra reportagem, tentaria embarcar de lá, enquanto Eric Nepomuceno avançava por terra, via Mendoza, também na Argentina.

Acabamos nos encontrando num DC-8 da Scandinavian Airlines – SAS, que decolou de Viracopos para Santiago, com escala em Buenos Aires, no dia 22. Chegávamos dez dias depois do golpe, mas estávamos entre os primeiros repórteres a desembarcar – Clóvis Rossi pelo *Estadão*, Carlinhos Brickmann e eu pelo *Jornal da Tarde*. Eric Nepomuceno acabou não atravessando os Andes.

Santiago estava cheia de tanques e jipes militares, mas não havia quase ninguém pelas ruas. Quando chegamos ao hotel, cruzamos com um grupo de técnicos soviéticos que se preparavam para deixar o país. Estavam sendo expulsos, eram suspeitos de espionagem e subversão.

Brickmann comprou uma revista que contava a história do golpe e partiu para a sua primeira pauta – os planos do general Augusto Pinochet para a reconstrução do Chile. Lacerdista e conservador, Brickmann não disfarçava seu entusiasmo com a derrocada da Unidade Popular, que acreditava ser a ponta de lança para a revolução comunista na América latina.

Pois esse "reacionário" Carlos Ernâni Brickmann – gordo e pesadão como o elefante "Ernâni" dos quadrinhos do *JT*, que tirou dele o seu nome – enfrentou toda sorte de riscos e dificuldades, para localizar, em Santiago, os esquerdistas brasileiros que estavam sendo perseguidos, presos e torturados.

O toque de recolher confinava os jornalistas no hotel das 6 da tarde às 6 da manhã. Quando anoitecia, subíamos para o restaurante, no último andar do Carrera Sheraton. De lá, testemunhávamos, impotentes, as luzes dos helicópteros que metralhavam supostos focos de resistência nos bairros distantes.

A busca dos desaparecidos fazia parte de nossa missão. Batemos à porta das embaixadas estrangeiras, pedimos informações no consulado do Brasil, fizemos plantão no Estádio Nacional transformado em prisão, conferimos pistas e endereços até nos bairros de periferia.

Localizamos, por exemplo, a casa do jornalista José Maria Rabêlo e ficamos sabendo, pelos vizinhos, que ele havia se refugiado na Embaixada do Panamá, um apartamento de 150 metros quadrados que, num primeiro instante, abrigou cerca de 300 asilados.

Nessa garimpagem quase sempre sem resultados, fomos uma tarde ao Ministério do Exterior, cuja chancelaria funcionava numa ala do Palácio de la Moneda, onde Allende foi assassinado (suicidou-se?) no dia do golpe. Ali senti uma emoção sem tamanho, ao descobrir entre os asilados políticos brasileiros o nome de Fernando Gabeira – que saíra banido do Brasil, depois do seqüestro do embaixador dos Estados Unidos. Fernando Gabeira estava são e salvo, na embaixada da Argentina.

A censura cortou, em São Paulo, a matéria que dava a lista completa dos asilados.

O repórter Paulo César Araújo e o fotógrafo Evandro Teixeira, do *Jornal do Brasil*, me sopraram a melhor pauta no Chile. Estava saindo para uma entrevista qualquer, quando eles me avisaram que Pablo Neruda havia morrido na véspera (a imprensa não publicara a notícia) e deveria ser sepultado naquela manhã, 25 de setembro.

Cancelei a entrevista e fui para o pequeno chalé do poeta, *La Chascona*, de onde sairia o corpo. Clóvis Rossi, que ia entrevistar um assessor econômico de Pinochet, pediu-me para mandar minha matéria também para o *Estadão*. Arrependeu-se irremediavelmente dessa opção e reconheceu o erro de avaliação. Era a primeira viagem internacional desse gigante do jornalismo, que iniciava ali sua carreira de especialista em assuntos latino-americanos.

Ao perguntar ao Rossi, numa entrevista feita pela Internet para o site *Profissão: Repórter*, do jornalista Luiz Maklouf de Carvalho, como analisava esse episódio, 25 anos depois, ele respondeu que tomara uma decisão profissional.

Sua resposta:

"Na verdade, foi uma divisão de tarefas, né, Mayrink? Você ia cobrir, embora pelo *Jornal da Tarde*. Mas, como os dois jornais aproveitavam o material um do outro, o *Estadão* estaria coberto. Se eu pudesse trocar com você, teria trocado, pode crer."

O enterro de Neruda transformou-se na primeira manifestação pública contra o golpe militar. Poucos e tímidos no início do percurso, os chilenos eram milhares quando o caixão chegou ao Cemitério Geral de Santiago. Havia soldados armados por toda a parte, mas a presença deles não intimidou os manifestantes.

– ¡Pablo Neruda, presente, ahora y siempre! – gritavam vozes isoladas, que um coro foi depressa engrossando.

A cem metros do portão principal do cemitério, a multidão cantou a *Internacional Comunista*. Muita gente chorava. Velhos amigos de Neruda levavam flores vermelhas nas mãos. À medida que o cortejo avançava, o Exército ia apertando o cerco.

– ¡Salvador Allende, presente, ahora y siempre! – ousaram as vozes isoladas, e o coro mais uma vez respondeu.

Intelectuais recitaram poemas, belos poemas de *Canto General*, uma pungente declaração de amor do poeta à sua pátria. Quando o caixão desceu ao túmulo, ecoaram vivas ao Partido Comunista e gritos contra a "ditadura gorila".

De volta ao Brasil, recebi um telefonema de Roberto Drummond. Abalado pela queda de Allende e apaixonado pelos versos de Neruda, ele queria me falar da emoção que sentiu, ao ler minha reportagem.

Aí, quem ficou emocionado fui eu.

CAPÍTULO 7

*Por toda parte, o fantasma da repressão.
O governador confessa que grampeou telefones.
Geisel ouve a denúncia de que Herzog foi assassinado.
A regra básica para calcular multidões.*

A Resistência

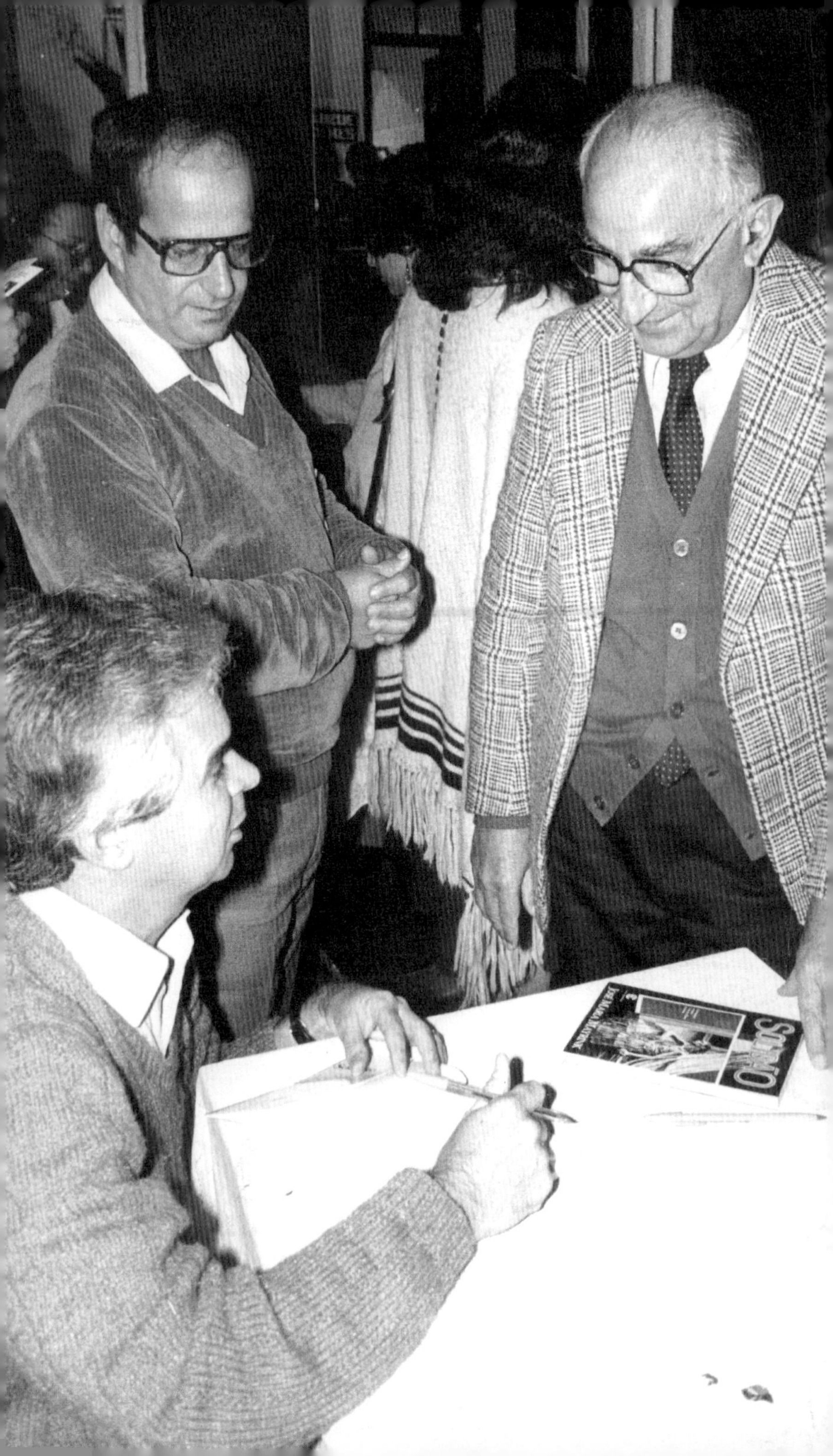

Poemas de Camões no *Estadão*, receitas de doces e bolos no *Jornal da Tarde*. Os censores federais freqüentavam as oficinas, mas não ousavam pisar na redação. Até que tentaram, no princípio, mas logo foram expulsos. Ficaram confinados na composição, onde checavam cada página já montada e riscavam com seus lápis vermelhos as matérias vetadas

Quem teve a brilhante idéia de publicar versos de *Os Lusíadas* para preencher espaço aberto pela censura foi o colunista Antônio Carvalho Mendes, responsável na época por uma coluna de cinofilia e ainda hoje pela seção de falecimentos. "Eu me encarregava de trazer cópias dos poemas de casa", revela o autor da idéia, confirmando que, como calculou Péricles Pinheiro, o clássico português chegou a ser publicado no *Estadão* duas vezes, na íntegra.

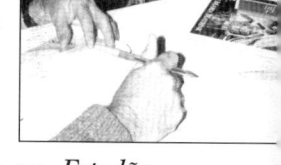

Todos nós – uns mais, outros menos – tivemos a tristeza de ver proibidas algumas das melhores reportagens daqueles tempos.

Além da censura aos despachos do Chile, só aqueles que se referiam aos refugiados brasileiros, experimentei a decepção de não conseguir levar aos leitores a história dos conflitos de terra de São Félix do Araguaia, em Mato Grosso, onde o bispo espanhol Dom Pedro Casaldáliga denunciava a violência praticada pelos fazendeiros contra índios e posseiros.

Passamos uma semana na região, o fotógrafo Rolando de Freitas e eu, em agosto de 1974. Assistimos a uma missa de solidariedade, celebrada por padres e bispos vindos de todas as partes do Brasil, ouvimos as queixas das pessoas perseguidas, viajamos num jipe dos capangas armados que expulsavam os trabalhadores rurais de suas terras.

Duas páginas de reportagem, mas não saiu uma linha. Guardei uma fotocópia do *JT* censurado, que dei de presente, 15 anos depois, a Dom Pedro Casaldáliga, quando ele veio lançar um livro de poemas em São Paulo.

O bispo apertou-me as mãos, agradecido.

No fim de 1974, viajei com o fotógrafo Alfredo Rizzutti para a Guiana Francesa, de onde cinco mil brasileiros que lá viviam em situação irregular estavam sendo repatriados. Aparentemente, um assunto inocente, do qual poderíamos tratar sem preocupação com a censura.

Era só impressão. Um episódio que nos ocorreu em Caiena mostrou que o fantasma da repressão era capaz de nos perseguir por toda parte.

O fantasma apareceu à nossa frente disfarçado de verde, amarelo, azul e vermelho – as cores da bandeira do Moguyde, movimento nacionalista pela libertação da Guiana, antiga colônia e hoje departamento ultramarino da França.

– É o verde das nossas matas, o amarelo do nosso ouro, o azul do nosso céu e o vermelho do sangue dos escravos – explicou um dos líderes do Moguyde, dando-nos uma bandeira de presente.

De volta ao hotel, começou a dor de cabeça.

– O que vão pensar, na alfândega, dessa bandeira que reúne todos os símbolos do Brasil e ainda tem esse negócio de sangue de escravo? – perguntava o Rizzutti, apavorado com a perspectiva de sermos barrados como subversivos no aeroporto de Belém.

Pensamos em todas as saídas possíveis: "esquecer" a bandeira no hotel, jogá-la no lixo, escondê-la na tubulação do ar condicionado, devolvê-la aos negros nacionalistas... Nenhuma delas ia dar certo.

Viajamos com a bandeira para Kourou, base de lançamento de foguetes espaciais e porto de ligação com a Ilha do Diabo, a das aventuras de Papillon. O pesadelo continuou até a véspera de voltarmos ao Brasil. Decidimos então picar a bandeira em pedacinhos e espalhá-los pelos cantos da cidade, numa operação covarde e clandestina que, iríamos logo constatar, não tinha o menor sentido.

As cores do Moguyde transitavam livremente pela Guiana, onde os nacionalistas receberam com suas bandeirinhas, em Caiena, o líder socialista François Mitterrand, mais tarde presidente da República Francesa. Nas fotos do jornal *Le Monde*, que cobriu a manifestação, não havia uma bandeira sequer da França.

O medo estava em nós.

E não era para menos. As coisas estavam difíceis no Brasil e assim continuaram em 1975, quando o presidente Ernesto Geisel já acenava com promessas de abertura e anistia. Esse clima de redemocratização refletia-se em São Paulo, onde o engenheiro

Paulo Egydio Martins, um ex-udenista liberal, assumia o governo.

Paulo Egydio reuniu uma equipe de colaboradores respeitáveis e competentes. Luiz Arrobas Martins, José Bonifácio Coutinho Nogueira, Thomaz Magalhães e José Mindlin eram alguns deles.

Quem cobriu o Palácio dos Bandeirantes nessa época foi testemunha da decência da administração, por mais exceções que possa ter havido – e de fato houve.

Todo fim de tarde, Paulo Egydio sentava-se com os jornalistas credenciados para um bate-papo informal, que sempre rendia notícias. Num desses encontros, o governador pediu *off* para uma revelação surpreendente, ao comentar as denúncias que um deputado de oposição, Lino de Mattos, do MDB, fazia contra o governo.

– Mandei o Dops gravar tudo, isso não passa de chantagem do deputado – argumentou.

Perguntei se não era ilegal mandar o Dops grampear telefones. Paulo Egydio pensou um instante e retirou o *off*, que impediria, em princípio, divulgar a declaração.

– É ilegal, eu estou errado – reconheceu, num admirável gesto de honestidade.

Em 31 de outubro de 1975, o general Geisel participava de uma inauguração em São Paulo, quando Paulo Egydio lhe apresentou o secretário de Cultura e Tecnologia, José Mindlin. Ouviu-se então um memorável diálogo que o repórter Celso Ming registrou no *Jornal da Tarde*.

– Tudo bem, doutor Mindlin?

– Não, presidente, não está tudo bem. Torturaram e mataram o jornalista Vladimir Herzog, que trabalhava na TV Cultura...

José Mindlin, um empresário de grande dignidade, relatou ali mesmo o que havia acontecido numa prisão do DOI-Codi com um de seus subordinados. Preso por suspeita de subversão comunista, Herzog aparecera morto na cela, enforcado com o próprio cinto. A versão oficial de suicídio não conseguiu convencer pessoas sérias, como José Mindlin.

Na tarde desse mesmo dia, dez mil manifestantes encheram a praça e a catedral da Sé, no centro de São Paulo, para participar de um ato ecumênico promovido pelo cardeal-arcebispo Dom Paulo Evaristo Arns. Encontravam-se ali, entre outros líderes religiosos, o rabino Henry Sobel, o pastor presbiteriano James Wright e o arcebispo Dom Hélder Câmara.

Polícia e tensão por toda parte. Pouco antes das 17 horas, quando a cerimônia religiosa deveria começar, os repórteres que acompanhavam a visita de Geisel decidiram abandonar a cobertura e ir para a Praça da Sé. Discordei da decisão e resolvi ficar. O presidente estava no anfiteatro da Faculdade de Saúde Pública da Universidade de São Paulo, com toda a sua comitiva – governador do Estado, comandantes militares e assessores.

– Se acontecer alguma coisa na catedral, vai repercutir aqui – argumentei com meus colegas. Um deles, o repórter político Afonso Primo, concordou comigo e propôs um acordo, que aceitei: enquanto os outros iam para o culto ecumênico, eu continuaria ali, com o compromisso de passar a eles o que ocorresse.

O general Ernesto Geisel foi para Congonhas e ficou mais de uma hora no aeroporto, à espera de notícias da Sé. O avião presidencial só decolou para Brasília quando ele teve certeza de que tudo terminara em calma.

Uma vez, naquela época em que Francelino Pereira presidia a Arena acreditando comandar o "maior partido do Ocidente", o governador Paulo Egydio foi passar o fim de semana em Ribeirão Preto, que o presidente da República visitaria no sábado. Hospedou-se na fazenda do então deputado Sérgio Cardoso de Almeida, onde aproveitou a tarde de sexta-feira para andar a cavalo – um de seus esportes preferidos.

Estávamos no hotel, à noite, quando o repórter Eymar Mascaro, do *Jornal do Brasil*, chegou de São Paulo. Desembarcando atrasado na cobertura, ele me pediu que lhe passasse as informações do dia e escreveu sua matéria. No dia seguinte, teve uma surpresa, ao ver o *Jornal da Tarde*.

Paulo Egydio discute política e cai da égua, era mais ou menos assim a manchete da primeira página.

– Você me disse que o governador montou na égua, mas não falou que ele caiu – queixou-se Mascaro.

– Mas você não perguntou – respondi, improvisando uma brincadeira, que ele aceitou e entendeu.

Acho que qualquer jornalista faria a mesma coisa.

No começo de 1976, o presidente Ernesto Geisel anunciou duas viagens à Europa, decidindo visitar a França e a Inglaterra, em maio, com um intervalo de apenas uma semana entre Paris e Londres. Fui escalado para a cobertura do *JT*, com o objetivo de fazer reportagens paralelas às dos correspondentes europeus – Reali Júnior, Gilles Lapouge, Marielza Augelli e Hermano Alves.

Com essa equipe garantindo a linha de frente, eu podia tranqüilamente correr por fora, sem me preocupar com o risco de levar furos. Tanto mais que havia ainda o reforço dos colegas credenciados no Palácio do Planalto, deslocados da sucursal de Brasília. O esquema foi uma beleza, pois investi nos *sides* de histórias curiosas e engraçadas, para as quais o jornal não economizava espaço.

Por exemplo, o episódio do mineiro Alysson Paulinelli, ministro da Agricultura, mexendo com os lábios para fingir que estava rezando o Pai-Nosso em inglês, na Abadia de Westminster. Ou a explicação dada por outro mineiro, o deputado José Bonifácio, para a sua impassividade diante dos cartazes dos manifestantes que protestavam contra a ditadura militar brasileira. O deputado desfilava pelo Mall, de fraque e cartola, a bordo de uma carruagem.

– Podem escrever e gritar o que quiserem, pois eu não sei inglês – reagiu o Zezinho Bonifácio, que era o presidente da Câmara dos Deputados.

Houve protestos contra a presença do general Geisel tanto em Paris como em Londres. Manifestações civilizadas, bem comportadas, que os policiais vigiavam a distância. Na de Londres, havia apenas um grupo de manifestantes.

– Vamos calcular em mil pessoas? – propôs uma repórter.

– Melhor contar – respondi, observando que não seria uma operação complicada. Havia umas trezentas pessoas no quarteirão destinado às faixas contra o presidente do Brasil.

Esse recurso de combinar tamanho de grupos e multidões é um expediente bastante comum entre jornalistas, que assim evitam contradições capazes de provocar dúvidas e reclamações nas redações. Foi o que ocorreu, por exemplo, em São Borja, em dezembro de 1976, no enterro do presidente João Goulart.

– Vamos fechar em trinta mil? – foi esta a sugestão.

Seria toda a população da cidade – impossível todos os moradores terem ido ao cemitério. Mais uma vez, achamos melhor calcular o número de pessoas e reduzimos o cálculo para cinco mil, seis vezes menos. Mas ficamos sozinhos nessa estimativa, o repórter do *Estadão* e eu.

Sempre desconfiei de uma tendência de aumentar ou diminuir o tamanho das concentrações, de acordo com a linha ideológica dos jornais ou dos jornalistas. Por exemplo: um mesmo espaço da Praça da Sé, em São Paulo, costuma abrigar de 20 mil a 250 mil pessoas, conforme as circunstâncias. Por que não medir a área e fazer aquela continha simples das agências internacionais de notícias, que calculam quatro pessoas por metro quadrado?

Mais divertida que a viagem à Europa foi, em setembro do mesmo ano, a visita oficial de Geisel ao Japão. Os personagens já não eram os mesmos, mas não faltaram boas histórias – algumas delas atribuídas ao bom humor de Otto Lara Resende, que foi a Tóquio como convidado especial do Planalto. Uma piada que ele inventou fez o maior sucesso nas páginas do *Jornal da Tarde*. Relatava a cena de dois nisseis – o ministro Shigeaki Ueki, das Minas e Energia, e seu assessor, o jornalista Hideo Onaga – jantando num restaurante japonês.

– Pode deixar, que eu peço o prato – disse Onaga, que chamou o garçom e fez o pedido.

O garçom caiu na gargalhada. Onaga chamou outro garçom e depois mais outro. Todos ouviam e começavam a rir. Finalmente, chegou o *maître*, a quem o jornalista perguntou, em inglês, o que estava ocorrendo. Quando Onaga repetiu o pedido em japonês, também o *maître* deu uma sonora gargalhada.

– O senhor está dizendo literalmente "neném quer papá" – explicou o *maître* a Hideo Onaga, que estava falando em Tóquio o japonês que aprendera quando criança.

Eu acabara de chegar ao Japão e tentava ainda me adaptar ao impacto do fuso horário, quando morreu Mao Tsé-tung. O telefone me acordou no hotel, com Clóvis Rossi me pedindo para o *Estadão* as manchetes dos jornais japoneses. Era uma hora da madrugada em Tóquio e uma hora da tarde do dia anterior em São Paulo. Saltei da cama meio tonto e pedi socorro ao pessoal da portaria.

Descobri então que era conversa fiada esse negócio de dizer que a gente se virava com o inglês no Japão. Foi um custo entenderem o que eu queria. Uma recepcionista anotou um endereço em japonês e me despachou de táxi para a redação do *Mainichi Shimbun*. Aí começou a novela da manchete. Eu era capaz de jurar que ela estava na primeira página do jornal, mas não havia redator bilíngüe capaz de traduzi-la.

Os japoneses alegaram que, baseando-se em ideogramas, sua língua não encontrava palavras correspondentes em inglês. Formaram uma rodinha, discutiram, calaram-se em longos silêncios, rabiscaram rascunhos e finalmente, depois de quarenta minutos, chegaram ao consenso de uma tradução aproximada.

Morre Mao Tsé-tung, anunciava a manchete.

Mais complicados ainda foram os chineses. O jornal me deu ordem de embarcar para Pequim, e lá fui eu a caminho da embaixada, na esperança de obter o visto no passaporte. Apresentei-me a uma assessora de imprensa que, para surpresa minha, pareceu entender perfeitamente o meu inglês. Mandou-me sentar e, depois de meia hora, levou-me até a garagem, onde se cumpria um inesperado cerimonial. Ameacei passar ao largo, mas a mocinha que me guiava apontou para um enorme retrato de Mao.

– É aqui – disse ela, acreditando que eu estava ali para prestar minhas homenagens ao condutor da Grande Marcha.

Calça escura, jaqueta vinho, máquina fotográfica ao ombro, eu era uma figura estranha num ambiente solene e formal. Os diplomatas chineses recebiam os pêsames pela morte de seu líder, entre coroas de flores e mensagens de condolências. Observei o que faziam as pessoas que caminhavam à minha frente e tentei imitá-las.

Curvei-me diante da foto de Mao Tsé-tung em respeitosa reverência, mas não consegui mais do que isso. Ao chegar diante do embaixador e seu pessoal, perdi a pose e assumi toda a minha autenticidade.

– Mayrink, Brasil – fui repetindo, após cada curvatura, enquanto apertava as mãos dos diplomatas.

Não devem ter entendido nada. Mas o que se podia esperar em Tóquio de um mineiro de Jequeri?

Cumprido o ritual, voltei-me para a assessora e perguntei pelo meu visto.

– Visto, que visto?

Foi mais uma hora de sofridas negociações. Depois de muito vaivém, a resposta definitiva e frustrante: as fronteiras da China estavam fechadas, não haveria facilidades para a imprensa estrangeira nos funerais de Pequim.

Éramos dezenas de jornalistas na cobertura da viagem de Geisel ao Japão. Quase todos à custa do governo, como setoristas credenciados no Palácio do Planalto ou convidados especiais. Dos nove enviados especiais do

Estadão e *JT*, apenas Sérgio Motta Mello e eu viajamos por conta da empresa. Como ocorreu em Paris e em Londres, quatro meses antes, um ministro do Itamaraty foi encarregado de distribuir aos repórteres a ajuda de custo em dólares. Alguns jornalistas foram a Tóquio a convite de multinacionais.

Na véspera do embarque de volta, um grupo de jornalistas pediu a Humberto Esmeraldo, porta-voz da Presidência da República, facilidades para a entrada de sua bagagem no Brasil. Referiam-se ao farto equipamento fotográfico e eletrônico que vinham armazenando num apartamento do hotel New Otani, aonde as caixas da Nikkon chegavam seladas.

Conseguiram uma carona para a bagagem no Boeing 707 reserva da comitiva oficial.

CAPÍTULO 8

*Uma tentativa de voltar para Minas.
Cinco anos como editor de Internacional no* Estadão
*cobrindo golpes e revoluções na América Central.
Um visto para entrar em Cuba.*

Saudades de Minas

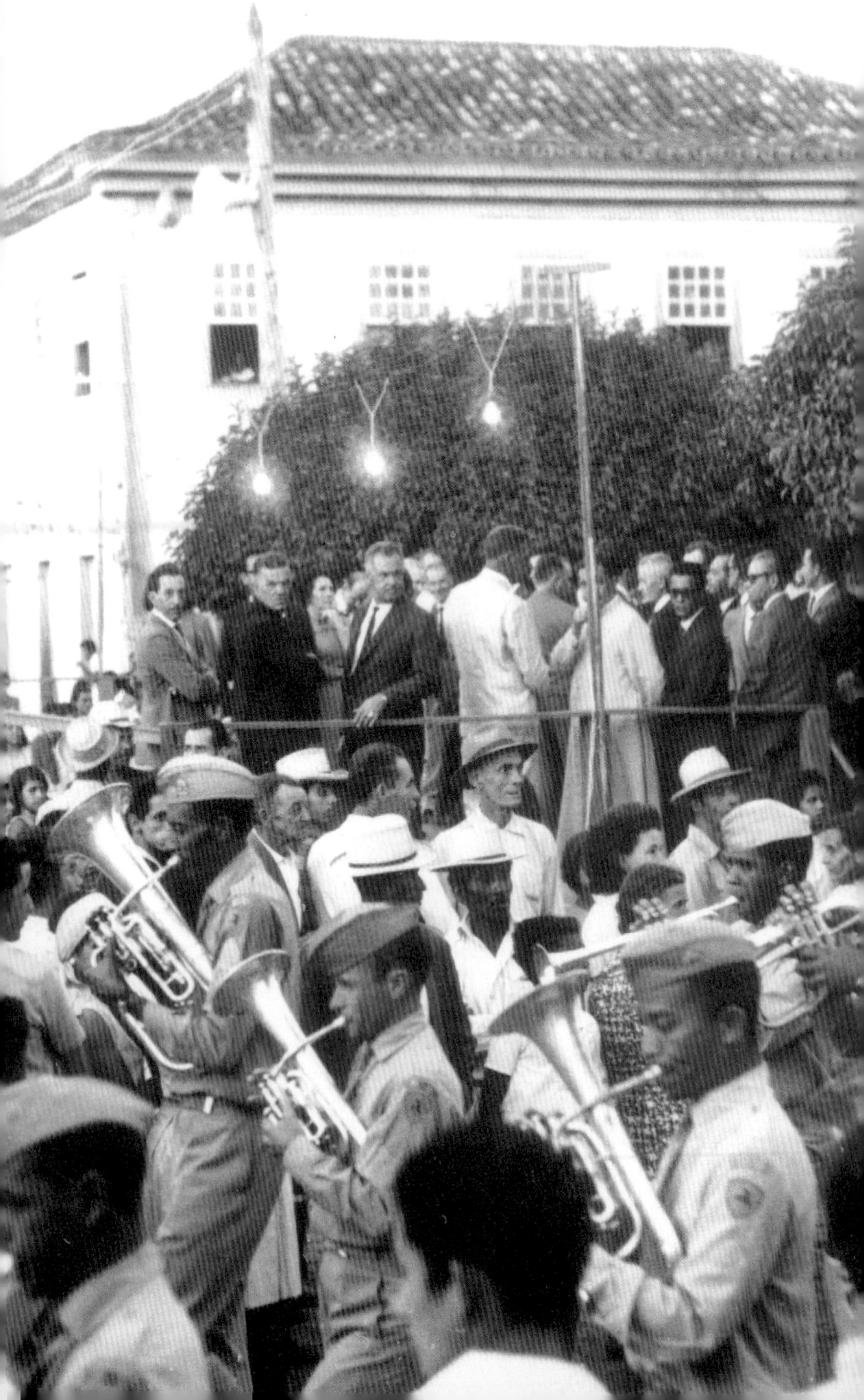

A folga da Semana Santa de 1977 significou, mais do que um passeio a Belo Horizonte, a volta a Minas Gerais.

Fazia tempo que eu sonhava com esse projeto de retornar às raízes, só faltava mesmo a oportunidade. Ela surgiu numa conversa com Acílio Lara Rezende, o diretor da sucursal do *Jornal do Brasil*, que me ofereceu a vaga de chefe de reportagem.

Aceitei na hora. O salário, 30% inferior ao que eu ganhava como repórter especial do *Jornal da Tarde*, parecia compensar. Em menos de um mês, estava tudo resolvido.

Quando anunciei essa decisão, a minha amiga Vovó Guilhermina – que tinha 86 anos e só voltava à sua terra, São Sebastião do Paraíso, para rever os amigos – me aconselhou a desistir da idéia.

– Volta nada, Minas é bom pra gente sentir saudade.

Escrevi uma carta de demissão cheia de emoção. Tentava explicar as razões, justificar a surpreendente notícia que nem eu esperava.

"É uma volta às origens – a Minas e ao *Jornal do Brasil*. Família, o quarto filho que vem aí, fuga de São Paulo, uma eterna saudade da roça são coisas que pesaram muito. Mas, apesar de tudo, vou com saudade e pena. Na hora da decisão, descobri que, depois de nove anos, aprendi a amar São Paulo."

O jornal *Unidade*, do Sindicato dos Jornalistas, citou esse trecho de minha despedida na edição especial que dedicou à crise desencadeada na redação do *Estadão*, em maio, pela saída do editor-chefe Clóvis Rossi e sua equipe.

"Todos comentavam, com inveja, a partida de José Maria Mayrink para a sucursal do *Jornal do Brasil* em Belo Horizonte...", anotou o tablóide do sindicato, numa matéria sobre o reflexo da crise no *Jornal da Tarde*.

Parecia definitivo. Pus a casa à venda em São Paulo, transferi o carro, comprei e instalei um telefone, troquei as meninas de escola bem no meio do semestre letivo.

As primeiras semanas foram deliciosas. O céu estrelado, o friozinho gostoso, Jequeri a três horas de viagem, a família quase toda ali – tudo perfeito. O chefe da redação era Eduardo Simbalista, um sujeito de fascinante competência que, mais tarde, se transferiria para a TV Globo. Só a amizade dele pagaria minha volta a Belo Horizonte, mas houve outras compensações. Reencontrei o repórter político Jadir Barroso e o fotógrafo Waldemar Sabino, o Mazico. Foi nessa passagem por Minas que conheci também José de Castro, Gutemberg Mota e Silva, Luiz Fernando Emediato, Francisco Pinheiro, Maurício Pessoa e Maurílio Torres, excelente texto que eu já conhecia de minha primeira passagem pelo *JB*. O jovem Cláudio Arreguy, que reencontraria depois no *Estadão*, começava como estagiário de esportes.

Chico Pinheiro, futuro âncora da Rede Globo, projetou-se com duas entrevistas eclesiásticas de linha diametralmente opostas – uma com o conservador D. Geraldo Sigaud, arcebispo de Diamantina, outra com o revolucionário Dom Pedro Casaldáliga, bispo de São Félix do Araguaia.

Foi também na sucursal que conheci Hugo Almeida e Rosângela Conrado Melo, da Rádio JB, que mais tarde trabalhariam comigo em São Paulo.

Quase todo fim de tarde, eu caminhava até a sucursal do *Estadão*, onde trabalhavam Tarcísio Henriques, Warley Ornelas, José D. Vital, Rogério Perez e Chico Brant. Não havia rompido os laços com São Paulo.

Se era bom, durou pouco.

Revirando a papelada de meus arquivos, nas semanas seguintes, entrei numa depressão profissional profunda. Constatava que, voltando a Minas, estava também renunciando à perspectiva de continuar a fazer tudo o que, até ali, marcara minha vida de jornalista.

Perdi a dimensão do horizonte.

Eu enfrentava essa crise pessoal, quando Luciano Ornelas chegou à sucursal do *JB* e perguntou se eu não topava voltar para São Paulo. Dois dias depois, Miguel Jorge me ligou e confirmou o convite. Colegas meus no *Jornal da Tarde*, os dois haviam atravessado o corredor do sexto andar do prédio da Marginal do Tietê, para assumir a redação de *O Estado de S. Paulo* – Miguel como editor-chefe e Luciano como secretário de redação.

Menos de 60 dias em Belo Horizonte, e eu já estava desistindo de Minas? Ninguém entendia. Maria José, que entrava no sexto mês de gravidez, sofreu muito, mas apoiou a volta. Até hoje, fico imaginando como esse sacrifício deve ter sido duro para ela e para nossas filhas.

Os meus sogros, João Alcides e Dona Aurora, sofreram calados.

Alguns poucos amigos me aconselharam a pensar mais, a experimentar meses e até anos para, quem sabe, acabar me acostumando com a rotina profissional de Belo Horizonte. José D. Vital, que depois seria assessor dos governadores Tancredo Neves e Hélio Garcia no Palácio da Liberdade, sugeriu que eu somasse uma assessoria ao emprego no jornal, para reforçar o salário. Não era essa, porém, a questão.

– Não adianta nada o céu cheio de estrelas, se você não estiver feliz aqui – me alertou Roberto Drummond, ele que jamais conseguiu abandonar Minas.

Juliana, minha filha caçula, que deveria ser mineira, nasceu no dia 23 de setembro, em São Paulo, para onde eu voltara no dia 1º de julho de 1977. Foi nesse dia, exatos dois meses depois de ter mudado para Minas, que assumi a editoria de Internacional do *Estadão*. Cheguei eufórico, como se acordasse de um pesadelo. O jornal ainda sofria o impacto da troca do comando, mas não senti os seus reflexos.

O cargo do editor era uma experiência nova e prometidamente provisória para mim. Deveria assumi-lo por uns três meses, até que a equipe se reorganizasse. Acabei ficando cinco anos. A chefia nunca foi de meu feitio e gosto, mas reconheço que o estágio valeu a pena. Apesar das dores de cabeça freqüentes, das cobranças diárias, dos problemas administrativos que acabavam se amontoando em minha mesa.

A melhor herança dessa época foi a amizade dos companheiros que encontrei. Antônio Carlos Cabral, Wanderlan Gama, Carlos Veloso, Waldo Claro, Ari Penteado, Marcos Wilson, Cecília Thompson, Marcia Glogowski, Josepha Szwartuch, José Carlos Santana, Carlos Tibúrcio e Pola Vartuk. A esses se somariam alguns outros, como José Antônio Pedriali, Sérgio Miguel, José dos Santos e Lízia Bydlowski. Por que tive de voltar de Minas para cruzar o corredor e descobrir essa preciosidade antes tão próxima de mim?

Outra descoberta agradável foi Frederico Branco. Embora estivesse formalmente subordinado a ele – era o chefe do Departamento do Exterior, antigo nome da editoria de Internacional – eu deveria trabalhar fora de seu controle, de acordo com a nova orientação. Essa mudança dificultou o nosso relacionamento, mas Frederico Branco, o Fred, me tratou com extrema atenção. Imagino que tenha sido difícil para ele, admito até que o tenha magoado mais de uma vez, mas ele não deixava transparecer nada.

À medida que os anos foram passando, foi aumentando a minha admiração pelo Fred, que viria a morrer em setembro de 2000. Lembro-me dele sempre com profundo respeito.

Na editoria de Internacional trabalhavam também dois Mesquitas – Júlio César e Fernão, filhos respectivamente de Julio de Mesquita Neto e de Ruy Mesquita. Embora herdeiros/donos do jornal, eram teoricamente redatores como os outros. Teoricamente, mas não na prática. Por mais que disfarçasse, eu ficava cheio de dedos. Fernão, que permaneceu na seção mais de um ano, notava o meu embaraço e tentava me convencer de que eu devia tratá-lo como os outros colegas.

Tivemos alguns pequenos equívocos de hierarquia, mas acabamos nos entendendo muito bem.

Júlio César (Julinho) e Fernão Mesquita, que na época faziam uma espécie de estágio para o futuro, são agora diretores do *Estado*.

Também Patrícia Mesquita, filha de Luiz Carlos Mesquita, trabalhou em minha equipe, por breve período, só que na Reportagem Geral, editoria que eu assumiria em 1987, em mais um hiato na carreira de repórter.

Dois meses depois de ter voltado para São Paulo, recebi uma missão paralela que foi, sem a menor dúvida, uma das maiores satisfações que tive nesses 40 anos de jornalismo. Dois advogados que eu não conhecia – Gérson Mendonça Neto e Ivo Galli – estavam na sala de Miguel Jorge discutindo uma maneira de libertar o jornalista Flávio Tavares, correspondente de *O Estado de S. Paulo* na Argentina, que havia sido preso no aeroporto de Montevidéu, quando fui convocado para entrar nessa história.

Os advogados se dispunham a viajar ao Uruguai e sugeriam que o jornal mandasse um repórter com eles.

Fui o escolhido.

Flávio Tavares, que só seria libertado quase sete meses depois, encontrava-se numa cela do Cárcere Central, onde foi torturado e passou semanas incomunicável. Ia embarcar de volta a Buenos Aires, no dia 2 de julho, quando os policiais o prenderam. Acusação: contrabando de fitas cassetes subversivas. Flávio explicou que estava fazendo reportagens, mas não convenceu seus carcereiros.

Ex-militante de esquerda, Flávio Tavares fora banido para o México, em setembro de 1969, com mais 14 companheiros, em troca do embaixador americano Charles Elbrick, que havia sido seqüestrado por um comando da ALN e do MR-8, do qual participava Fernando Gabeira. Vivia então em Buenos Aires, onde era correspondente também do jornal mexicano *Excelsior*.

Na prisão, ele concluiu que tudo fora armado para comprometê-lo.

Sob regime militar, o Uruguai vivia a pior ditadura de sua história. Gérson Mendonça e eu não pudemos ver Flávio em nossa primeira viagem, mas conseguimos entrar em contato com a Embaixada dos Estados Unidos. O governo de Jimmy Carter, que se empenhava na defesa dos direitos humanos na América Latina, interveio no caso através do subsecretário Terence Todman, que passava por Montevidéu. Essa intercessão, à qual se somaria mais tarde o esforço do Itamaraty, foi importante para a libertação do jornalista.

Amordaçados pela censura, os jornais uruguaios não tocavam no assunto. Pelo menos um deles, porém, registrou a resposta de Todman à minha pergunta, quando levantei a questão durante a entrevista coletiva que ele deu no aeroporto, ao despedir-se de Montevidéu. Não corria muito risco, como jornalista estrangeiro, mas assim mesmo fiquei nervoso e embaralhei o inglês.

– Mister Carter, Mister Carter – gritei duas vezes por Todman, chamando-o pelo nome do presidente americano. O embaixador não percebeu, mas uma emissora de rádio espalhou minha gafe pelo Uruguai inteiro. Gérson Mendonça, que me aguardava no restaurante do aeroporto, dobrou de rir com meu fora, mas vibrou com o resultado.

O governo dos Estados Unidos sabia, sim, da situação de Flávio Tavares e tentaria libertá-lo.

"Em algumas horas, eu fora submetido a dois fuzilamentos simulados. Simulados? Agora, mais de 22 anos depois, sei que tudo foi uma simulação, porque estou vivo, mas, naquela madrugada de 15 de julho de 1977, eu fui executado em terra alheia e morri" – escreveu o jornalista em seu livro *Memórias do Esquecimento* (Editora Globo), relatando parte da tragédia que enfrentou.

Se Flávio Tavares conseguiu escapar às torturas e à morte, é a Gérson Mendonça e ao *Estadão* que ele deve a vida.

O advogado e seus colegas de escritório viajaram várias vezes ao Uruguai – duas delas em companhia de Júlio César Mesquita. Foi o Julinho quem segurou um jumbo Boeing 747 na pista, impedindo que o jato fechasse as portas, quando os militares argentinos tentaram sumir com Flávio. Libertado em Montevidéu, o jornalista fazia uma escala no aeroporto de Ezeiza, em Buenos Aires, em janeiro de 1978, a caminho do asilo político em Lisboa.

Flávio Tavares jamais disfarçou sua gratidão.

Leia-se o que ele escreveu em seu livro:

> *O advogado Décio Freitas foi a primeira pessoa a viajar ao Uruguai para desvendar meu "desaparecimento" e, depois, a me visitar no cárcere de Montevidéu. Logo, os advogados paulistas Ivo Galli, Gérson Mendonça Neto, Francisco Martins Jr. e Orlando Maluf Haddad levaram adiante a minha defesa e estiveram a meu lado nos dias de janeiro de 1978 em que, mesmo livre, eu não podia deixar o Uruguai. Na viagem a Lisboa, Júlio César Mesquita me acompanhou representando o **Estado** e a SIP*

(Sociedade Interamericana de Imprensa) e, também, como amigo fraterno. Na mudança de avião, na escala em Buenos Aires, rumo a Madri–Lisboa, Julinho logrou impedir que ficasse detido na capital argentina, numa façanha que, por si só, seria outro livro.

O trabalho de editor me prendia na redação dez horas por dia. Era um cargo desgastante, mas a gente trabalhava num ambiente alegre e divertido. Ruy Mesquita – que era diretor do *Jornal da Tarde*, mas continuava atento às páginas internacionais do *Estado*, dirigido por seu irmão Julio de Mesquita Neto – mandava bilhetinhos de cobrança a cada falha nossa. Era exigente, mas também capaz de ouvir e, se fosse o caso, voltava atrás.

Uma vez, na comemoração dos 30 anos da Organização do Tratado do Atlântico Norte (Otan), publicamos uma página com três artigos assinados. Um deles, de uma redatora da editoria, apresentava um enfoque que não combinava com a linha do jornal.

– Quem é essa Sônia Cristina que está escrevendo no *Estado*? – perguntou Ruy Mesquita, quando cheguei à sua sala.

Não gostou que eu tivesse publicado o artigo destoante, mas recebeu Sônia, quando ela bateu à sua porta para defender o texto. Ruy Mesquita certamente não mudou de opinião, mas respeitou a divergência de Sônia – tanto que a aconselhou a continuar escrevendo.

Em junho de 1978, recebi um convite do Consulado dos Estados Unidos para participar de um seminário do Departamento de Estado sobre política internacional, em Washington. Além da capital, o roteiro de três semanas incluía Nova York, Denver e São Francisco. Ao voltar, escrevi um relatório com minha avaliação do seminário – nenhuma linha de reportagem. Ninguém me cobrou nada, mas tive a impressão de que decepcionei.

Essa foi a primeira das cinco vezes em que viajei ao exterior como convidado, isto é, sem que o jornal tivesse de pagar as despesas.

Sem nenhuma intenção de censura aos colegas que pensam o contrário, devo confessar que essa é uma coisa que me incomoda. Tenho razões para acreditar que qualquer mordomia tem seu preço.

O governo da África do Sul, por exemplo, cancelou a oferta de uma semana de turismo em Johannesburgo, quando eu disse que queria ver também como viviam os negros no *apartheid*.

A mesma coisa ocorreu quando viajei à Itália, para um congresso sobre talassemia (uma espécie de anemia endêmica nos países do litoral do Mar Mediterrâneo) em 1989 e à Alemanha, para a feira de automóveis de Frankfurt, em 1993. Nos dois casos, os anfitriões tentaram condicionar minhas reportagens a seus interesses.

É claro que esse radicalismo de evitar viagens de cortesia implica o sacrifício de excursões agradáveis e honestas. Certa vez, tive de alegar uma ida a Jequeri, a minha terra em Minas, para recusar uma temporada nos Alpes suíços, cortesia de uma rede de hotéis.

Com exceção de uma meia dúzia de viagens tranqüilas, toda vez que saí do Brasil foi para me meter em confusões. No início dos anos 80, cobri a ocupação da embaixada dominicana pelo *Comandante Uno* na Colômbia, guerrilhas em El Salvador, revolução sandinista na Nicarágua e golpe militar na Guatemala, sem falar na tumultuada peregrinação do papa João Paulo II pela América Central.

Bogotá foi uma espécie de desafio. Como havia editado mal o seqüestro dos diplomatas pelos guerrilheiros do M-19, escalei-me para a cobertura. Foram três semanas de nervosa vigília, acompanhando as negociações para a libertação dos reféns, entre os quais se encontrava o embaixador do Brasil. Dávamos plantão no meio da rua, dia e noite, enfrentando o frio da madrugada.

Foi ali que conheci o espanhol José Fajardo, que escrevia reportagens para o *Jornal do Brasil* e para um jornal de Madri. Especialista em assuntos latino-americanos, Fajardo desafiou todo tipo de risco em vários países do continente, para um dia, anos mais tarde, morrer atropelado no centro de São Paulo.

De Bogotá voei para San Salvador, onde estava começando a resistência ao regime militar. Era março de 1980 e já se falava em mais de 600 mortos – um escândalo de violência que o arcebispo Oscar Romero denunciava em seus sermões, lendo na catedral a lista dos desaparecidos.

Na manhã de 22 de março, entrevistei o arcebispo no Seminário São José, onde ele acolhia refugiados.

– O senhor não tem medo de morrer, Dom Oscar?

– Em El Salvador, todos têm medo de morrer.

Três dias depois, ele foi assassinado durante uma missa, no Hospital da Providência. Eu já estava de volta a São Paulo e ouvi a notícia pelo rádio. Reconstituí, de minhas anotações, em perguntas e respostas, a última entrevista do arcebispo-mártir.

Em minha bagagem, trouxe também um bilhete dele para Dom Paulo Evaristo Arns, que o cardeal de São Paulo menciona em seu livro de memórias *Da Esperança à Utopia* (Editora Sextante), publicado em 2001. O arcebispo dizia que nunca esquecia o Brasil e as vítimas do governo ditatorial em suas preces e particularmente em sua missa.

Foi apenas uma coincidência, e muita sorte de um repórter, mas sinto imenso orgulho de ter tido o privilégio de ter conhecido e fotografado Dom Oscar Romero.

Dois meses depois, maio de 1980, consegui um visto para Cuba, numa época em que Havana ainda não entrava no roteiro turístico dos brasileiros. A idéia foi de Marcos Wilson, que havia sido correspondente do *Estado* em Buenos Aires. Um grupo de dissidentes cubanos vinha pulando o muro para se refugiar na embaixada do Peru em Havana e milhares de refugiados fugiam da Ilha pelo porto de Mariel.

Mandamos um telex à embaixada da Checoslováquia, que representava Havana em Brasília, pedindo o visto no passaporte. A resposta foi positiva, alguns dias depois, mas tive de ir buscar o visto em Buenos Aires. Tomei um avião da Varig para o Panamá, de onde segui para Havana num Iliuchin, jato de fabricação soviética, da Cubana de Aviación.

Durante as duas semanas que passei em Cuba, não enfrentei nenhum problema – a não ser a apreensão de um filme, por soldados do Exército, quando fotografei um patrulheiro rodoviário nos arredores de Mariel.

– Objetivo militar. Proibido.

Não houve mais explicações. A Secretaria de Imprensa prometeu devolver o filme – *Eso tiene solución*, repetiam-me – mas não passou da promessa.

Se não me atrapalharam, também não ajudaram nada. Todos os pedidos de entrevistas ficaram sem resposta. Mas pude acompanhar as passeatas de protestos contra a ameaça do imperialismo americano e entrevistar, em seu apartamento, um dissidente que desertava para Miami.

Além da cobertura diária, durante as duas semanas que permaneci em Cuba, escrevi uma série de reportagens sobre a rotina da vida do povo cubano sob o regime comunista de Fidel Castro. Tenho a impressão de que escrevi um texto o quanto possível isento, que o *Estado* publicou sem cortar uma linha.

Apesar da descrição que eu fazia de uma situação dura e sofrida (racionamento de comida e remédio, censura à imprensa, repressão aos dissidentes), essas reportagens não impediram que eu retornasse mais duas vezes a Cuba. Sempre em missão profissional, voltei a Havana em 1994 para ver como estava a Ilha após a derrocada da antiga União Soviética e, em 1998, para cobrir a visita do papa João Paulo II.

Nessas duas ocasiões, percorri a capital e seus arredores num carro particular, alugado fora do esquema dos táxis estatais, para evitar a vigilância de prováveis agentes dos serviços de segurança. Tenho certeza de que jamais desgrudaram os olhos de mim, mas não me incomodaram.

O motorista, sim, foi interceptado mais de uma vez, para explicar por que conduzia um jornalista estrangeiro. Assustado, ele sumia por algumas horas, para depois reaparecer, como se nada tivesse ocorrido.

No segundo semestre de 1981, a desastrada declaração de um general colombiano de que os militares não tinham mais condições de resistir à ofensiva dos guerrilheiros me levou mais uma vez a Bogotá. Não era bem isso, mas escrevi uma página sobre as guerrilhas.

Quase que não consigo fazer nada, por culpa de um incidente que jamais pude explicar. Estava hospedado havia apenas quatro dias no Hotel Presidente, quando o gerente me chamou à sua sala para me comunicar que os 300 dólares que eu havia pago no caixa eram falsos.

Era dinheiro vivo, dólares comprados pelo *Estadão* no mercado paralelo de São Paulo. Como poderia ser, se as notas estavam num envelope lacrado, no cofre do hotel? Fui conferir o meu saldo.

– Malos, malos, malos... – foi contando o gerente, até parar nos 1.100 dólares, quase tudo que me restava.

Liguei para Samuel Dirceu, na Agência Estado, que me mandou um reforço para eu poder voltar. Desisti de outras reportagens. Viagens aos focos de guerrilhas no interior, nem pensar. Tenho certeza de que fui roubado, mas fiquei de mãos amarradas. Como iria denunciar o golpe numa cidade estrangeira, sem a possibilidade de provar que chegara ao país com dólares verdadeiros?

O jornal assumiu o prejuízo.

Dois anos depois, vivi uma experiência curiosamente contrária. Ao me instalar no Camino Real, em San Salvador, dei pela falta do talão de *traveller checks* – exatos 1.100 dólares. Revirei as malas, perdi horas de sono, acabei apresentando queixa na polícia. Lucas Mendes, enviado pela TV Globo para cobrir a viagem do papa, me ajudou a ligar para o Citibank, em Nova York.

Reembolso garantido. Por via das dúvidas, resolvi

dar uma última checada, refazendo no aeroporto o meu roteiro de desembarque.

– Como é o seu nome? – perguntou um funcionário do balcão da pequena Taca – Transportes Aéreos Centro-Americanos, pela qual havia chegado.

Sorrindo, entregou-me o talão com os meus dólares. Jamais soube o seu nome e, até hoje, sinto remorso por não ter, ao menos, mandado um cartão à empresa, em agradecimento ao desconhecido que me devolveu o dinheiro perdido.

Era um homem honesto, num pequeno país em guerra.

Estávamos em Manágua, dezenas de correspondentes estrangeiros, em março de 1982, quando a televisão anunciou o massacre de quatro repórteres holandeses no interior de El Salvador. A violência chegava ao auge no país, onde grupos paramilitares de direita divulgavam uma lista de jornalistas para morrer.

O brasileiro Eric Nepomuceno, de *Veja*, e o americano Alan Ridding, do *New York Times*, nossos companheiros de hotel, estavam entre eles.

Era a véspera das eleições presidenciais e, dois dias depois, deveríamos embarcar para San Salvador. Discutimos a questão, sem disfarçar uma preocupação que, no meu caso, era medo mesmo.

Quando liguei para casa, Maria José e nossas quatro filhas se revezaram ao telefone, chorando, para pedir que eu não fosse a El Salvador. Enfrentei, naquela noite, um conflito insuportável. Morria de pavor diante do perigo real, mas sabia, ao mesmo tempo, que desistir da viagem seria renunciar à minha profissão.

De joelhos no quarto do hotel, pedi a Deus que me iluminasse e me desse força.
Decidi ir em frente.

CAPÍTULO 9

Bombas e tiroteios na guerrilha de El Salvador.
O "repórter da alma" e o "baixinho asqueroso".
Quando o hemofílico Henfil previu que ia morrer de Aids.
Na cobertura da longa agonia de Tancredo.

A Guerrilha

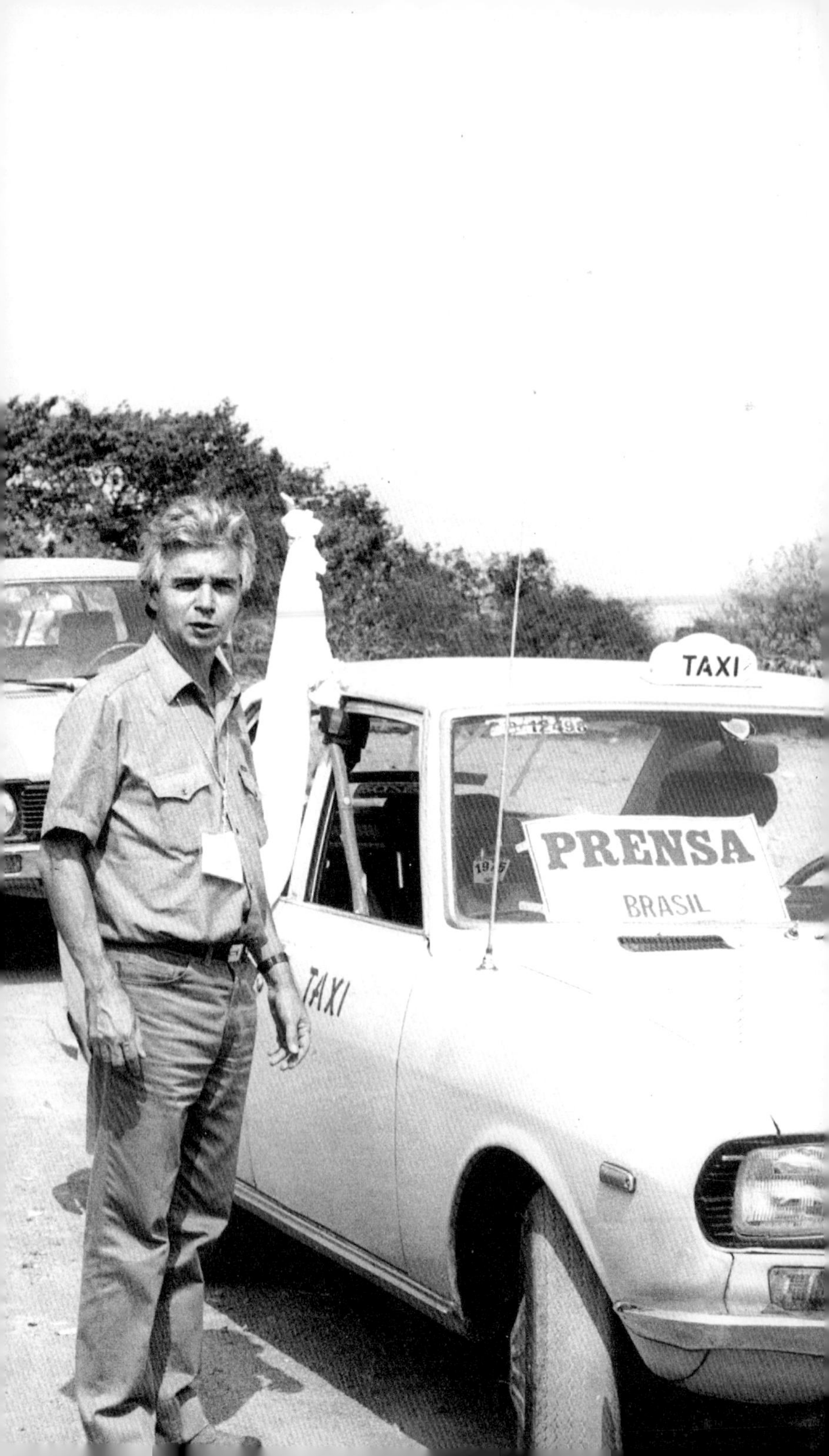
TAXI
PRENSA
BRASIL
TAXI

Percorríamos as estradas minadas de El Salvador sob a proteção de bandeiras brancas – na realidade, toalhas do hotel – que as guerrilhas exigiam para identificação de nossos táxis. Nenhuma segurança, nenhuma garantia, a não ser os nossos próprios cuidados. Correndo sob tiroteio cerrado nos bairros de periferia da capital e nas pequenas aldeias, cada um de nós avançava ou recuava por sua conta e risco. O comando da Força Armada fazia os jornalistas estrangeiros assinarem uma declaração, pela qual isentavam o governo salvadorenho de qualquer responsabilidade no que eventualmente lhes viesse a acontecer.

Rosental Calmon Alves, do *Jornal do Brasil*, usava um colete à prova de bala. A brigada de jornalistas brasileiros tinha ainda Clóvis Rossi, Roberto Garcia, Paulo Sotero, Ubirajara Dettmar e Juca Martins. O repórter Lucas Mendes e sua equipe chegaram dos Estados Unidos no sábado, véspera das eleições presidenciais de 28 de março de 1982. Na tarde de céu azul e temperatura amena, San Salvador, de 450 mil habitantes, parecia uma cidade tranqüila e agradável. Iludido pela calma aparente, Lucas Mendes improvisou uma tomada nos jardins do Hotel Camino Real para descrever esse clima de surpreendente paz.

Foi a imagem chegar aos estúdios e um editor da TV Globo ligar do Rio de Janeiro, estranhando a descrição feita por seu repórter. Os telegramas das agências de notícias informavam exatamente o contrário. Lucas Mendes entrou em pânico, quando contamos a ele o que estava acontecendo. Havia atentados e combates em quase todo o país, a começar pelos bairros mais afastados de San Salvador. Era preciso sair do hotel para sentir o clima.

Na manhã seguinte, Lucas Mendes se redimiu. Os flashes que enviou para o Brasil documentavam toda a crueza da violência. Mais que outros repórteres, ele enfrentou bombas e tiroteios, para mostrar como os eleitores iam às urnas, desafiando ameaças de represálias.

Os guerrilheiros, que atacavam as forças do governo por toda parte, dominavam vários departamentos (províncias) no interior. Resolvemos ir até Usulután, um dos principais focos de luta, a 110 quilômetros da capital. Viajamos em dois táxis amarelos – Clóvis Rossi, Rosental, Dettmar, Juca Martins e eu. A estrada asfaltada, que patrulhas do Exército percorriam no trecho inicial, estava quase toda deserta. Valetas e postes atravessados no asfalto desviavam os carros para o acostamento.

Ocupada pelo Exército e sitiada pela guerrilha, Usulután estava sob intenso tiroteio, quando desembarcamos na praça principal. Refugiamo-nos entre as colunas da entrada de um hotel, de onde só nos deslocávamos nos intervalos das balas.

O risco maior, no entanto, não estaria ali, mas na viagem de volta. As sentinelas invisíveis que vigiavam a estrada – provavelmente guerrilheiros – atiraram num Peugeot da nossa intrépida caravana, sabe-se lá por que motivo. Acertaram o carro de Clóvis Rossi. Com quase

1 metro e 90 de altura, na hora do aperto ele conseguiu se meter entre o banco da frente e o painel.

No mesmo dia, os guerrilheiros metralharam o automóvel verde de uma equipe de jornalistas franceses que não haviam seguido suas instruções – viajar sempre em táxis amarelos e hastear bandeiras brancas.

A estatura de Clóvis Rossi – repórter incansável e excelente companheiro – lhe criou inesperada dificuldade também na Guatemala. Estávamos entrevistando o embaixador dos Estados Unidos, em seu gabinete, quando uma explosão nos fez pular das cadeiras. Imediatamente a porta se abriu e um agente de segurança gritou para que nos jogássemos ao solo.

– Isso é comum aqui – tentou tranqüilizar-nos o diplomata, continuando a entrevista.

Quase meia hora depois, lá continuávamos incomodamente agachados entre os móveis, fora da mira das janelas – Rossi mal se equilibrando sobre o cotovelo esquerdo para fazer as anotações com a mão direita. O agente que deu o alerta esqueceu-se de voltar para avisar que a suposta bomba não passava de uma pedra lançada contra os vidros da entrada principal.

Nessa mesma viagem, tive uma prova do companheirismo de Clóvis Rossi. Convidado a sobrevoar os focos de guerrilhas nas montanhas, ele me ofereceu uma vaga no helicóptero pilotado pelo comandante do Exército, o general Benedicto Lucas García, que arregimentava camponeses e índios para combater os rebeldes. O general era irmão do presidente Romeo Lucas García, que foi deposto 11 dias depois.

A fuselagem do helicóptero, um aparelho civil requisitado pelos militares, ostentava marcas de tiros. Descíamos em clareiras aparentemente desertas que se enchiam de soldados, vindos das matas vizinhas, mal tocávamos o solo. Voltamos da excursão com os bolsos cheios de cápsulas de balas de fuzil.

Apesar dos riscos, que tiravam o sono de Maria José, essas viagens tensas e emocionantes eram sempre bem-vindas. Quebravam a rotina do meu trabalho na redação, devolvendo-me provisoriamente à reportagem. Cinco anos de editor de Internacional começavam a cansar, não tanto pelas dez horas diárias de serviço, mas pelos aborrecimentos burocráticos que o cargo implicava.

O editor-chefe Miguel Jorge, que vinha me prometendo uma vaga de repórter havia meses, cumpriu a promessa no início de setembro de 1982. No feriado do dia 7, Independência do Brasil, fui passar a tarde na Praça da Sé, com o fotógrafo João Pires, à procura de personagens para minha pauta de estréia – a solidão em São Paulo.

A idéia não era minha, era de Robson Costa, redator da Reportagem Geral. Ele planejou a matéria em detalhes, mas não teve coragem de fazê-la. Poderia ter escrito um depoimento na primeira pessoa, de tão solitário que era – só que preferiu ficar de fora.

Um ano e meio depois, quando a série *Solidão* já se transformara em livro, Robson estava quase cego, morrendo de câncer. Não podia ler o livro, mas folheou as suas páginas, capítulo por capítulo, como se estivesse lambendo a cria.

– Mayrink, essas histórias dão mais umas 30 pautas – concluiu com sua sensibilidade de excelente jornalista.

Robson Costa, que morreu em janeiro de 1984, foi repórter até o fim. O contato com a solidão mudou a minha vida. Mergulhei fundo no sofrimento de meus personagens, incorporei-os às minhas preocupações. Mais de uma vez, chorei ao entrevistá-los e, é claro, joguei essa emoção no texto. "Mayrink é o repórter da alma", escreveu o colega Hugo Almeida, ao fazer a resenha do livro.

O elogio desse colega, jornalista e escritor, me envaideceu.

Eu curtia ainda essa sensação, quando uma ducha de água fria gelou meu entusiasmo: a reação de professores e alunos do Colégio Sion a uma reportagem que fiz sobre o colégio. Acusaram-me de tentar demolir a instituição, ao registrar o repúdio de um grupo de ex-alunas às mudanças introduzidas pela direção. Essas mulheres, de duas gerações atrás, estavam furiosas com as freiras, que haviam cedido o Sion para a cineasta Ana Carolina fazer *Das Tripas Coração* – estrepolias sexuais das meninas de um internato.

– Baixinho asqueroso! – insultavam-me, em sucessivos telefonemas, as meninas que ligavam para a redação do *Estado*.

O Sion fechou a Avenida Higienópolis, para uma passeata de protesto – contra mim, não contra o jornal. Como é que a gente escreve uma coisa e as pessoas entendem outra? Parei para pensar.

O "baixinho asqueroso" que tanto irritou as freiras era o mesmo "repórter da alma" que havia comovido centenas de leitores com as histórias de *Solidão*. Será que eu não merecia a afronta? Sim ou não, essa classificação me fez refletir, vida afora, sobre o mal que eventualmente uma reportagem pode provocar. Mesmo que seja inadvertidamente.

Quase 20 anos depois, um companheiro de redação do *Estado*, que acabara de ser demitido, obrigou-me fazer novo exame de consciência, desta vez sobre um conceito profissional. "Mayrink... que sempre foi um repórter inexpressivo", escreveu ele, reagindo a uma atitude minha que, por equívoco, interpretou como crítica e prejudicial à sua conduta. Não respondi, mas esse adjetivo me doeu. E dói mais, se a gente imagina que possa ser merecido.

Em 1984, escrevi *Filhos do Divórcio*, outra série de reportagens que o *Estadão* publicou em sete páginas e Luiz Fernando Emediato lançou em livro pela EMW Editores – a mesma editora de *Solidão*, atualmente Geração Editorial. Dessa vez, a pauta foi de Marcos Wilson, que me substituiu como editor de internacional, mas continuou, lá de sua mesa, soprando boas idéias aos repórteres.

Diferentemente de *Solidão* e *Filhos do Divórcio* – que transcrevem as matérias publicadas no jornal, com mais três capítulos cada um – o terceiro livro que publiquei, *Anjos de Barro*, nasceu de um levantamento independente. Utilizei o critério, a técnica e o estilo de repórter, mas tive o cuidado de avisar aos entrevistados que seus depoimentos não sairiam no jornal, que me dava credibilidade e nome. Na prática, não adiantou muito, pois acabei sendo mesmo identificado como jornalista.

A começar pelo autor do prefácio, Henfil, que me deu um depoimento comovente, em fevereiro de 1986. Hemofílico e dependente de freqüentes transfusões de sangue, ele admitiu então, pela primeira vez, que um dia pudesse morrer de aids – doença que, de fato, o levou dois anos depois.

– Henfil, você escreveu um prefácio melhor que o livro – brinquei com ele, ao ler seu testemunho. Era quase verdade.

Meu contato com Henfil coincidiu com a estréia dele no Caderno 2, que o *Estado* acabava de lançar. Foi Luiz Fernando Emediato, o editor, quem convidou o cartunista para colaborar no jornal. Os dois almoçaram em minha casa no sábado em que firmaram o contrato. Mineiro de Ribeirão das Neves, onde seu pai dirigia uma penitenciária, o bem-humorado Henfil elogiou o frango com quiabo, arroz, feijão e angu do cardápio que Maria José, minha mulher, preparou a pedido dele.

– Será que esse passarinho não vai me ver fazendo xixi? – brincou Henfil, ao entrar num banheiro que dava para uma área na época com um canário belga na gaiola. À mesa, ele disputou a moela com minha filha caçula, Juliana, e reclamou da ginástica que a gente tem de fazer para pescar o pêssego servido em calda. Devia haver um cabinho para se pegar com a mão, sugeriu.

Recordando o início de sua carreira em Belo Horizonte, Henfil lembrou os buracos da calçada da Praça Raul Soares, onde ficava a redação do *Diário de Minas*. Sempre atento ao risco que qualquer acidente representava para sua condição de hemofílico – as feridas não cicatrizam fácil – ele desviava-se dos buracos por instinto.

— Não é que, ao reagir assim alguns meses atrás, descobri que a calçada estava do mesmo jeito! — comentou Henfil, para comprovar a tese, aliás um consenso, de que as coisas mudam muito devagar em Belo Horizonte.

No intervalo desses três livros, que felizmente não me transformaram em escritor, aconteceu Tancredo Neves. Depois da frustração da campanha pelas Diretas-Já, que acabou dando no Colégio Eleitoral, a eleição de Tancredo reacendeu a esperança do Brasil. Na véspera do dia marcado para a posse, havia uma dúzia de repórteres do *Estado* e do *JT* em Brasília. Enviados para cobrir uma festa, acabamos cobrindo cinco semanas de agonia. O pesadelo começou na recepção do Hotel Garvey, onde estávamos hospedados.

— Tancredo foi internado e não vai assumir — anunciou Miguel Jorge à sua equipe. Ninguém acreditava, todo mundo pensando que fosse brincadeira. A vigília da madrugada de 15 de março de 1985, que começou no plenário do Congresso Nacional, prolongou-se pelos corredores do Hospital de Base. Os jornalistas, como a maioria dos brasileiros, torciam por um milagre — não importava o que dissessem os boletins médicos do colega Antônio Britto.

Quando a agonia se transferiu para o Instituto do Coração (Incor), em São Paulo, o jornal me mandou para São João del Rey. Foram mais 15 dias de sofrimento. Os repórteres vasculharam os segredos da cidade, exploraram todas as suas emoções, remexeram o passado da família Neves que, àquela altura, já não disfarçava sua desesperança.

Uma noite, a equipe do *Estadão* estava de plantão no apartamento do hotel transformado em redação – com máquinas de escrever, telefones diretos, terminais de telex e laboratório fotográfico – quando o subsecretário Ariovaldo Bonas chamou de São Paulo.

– O homem morreu, vá dar a notícia à família.

Ninguém havia dado a informação, mas Bonas me garantia que a direção do *Estado* havia recebido de fonte segura – o delegado Romeu Tuma, que teria ligado do Incor para Miguel Jorge.

Fiquei desorientado, não sabia o que dizer a Otávio Neves, um dos irmãos do presidente, mas Bonas insistiu que eu devia procurá-lo para lhe comunicar o que, estranhamente, só nós sabíamos.

Otávio Neves e uma sobrinha dele não acreditaram em minhas palavras. Acabavam de telefonar para São Paulo – não era possível que Tancredo tivesse morrido. Diante da minha insistência, aceitaram meus pêsames. Um fotógrafo registrou a cena desse encontro – um vexame involuntário, mas nem por isso menos desconcertante.

Tancredo Neves só morreria na semana seguinte.

No dia em que o editor-chefe Miguel Jorge anunciou a sua saída do *Estado*, no primeiro semestre de 1987, tive o pressentimento de que meus dias ali também estavam contados. Eu não ocupava um cargo de confiança, não tinha por que me preocupar, mas foi essa a sensação. Experimentei uma estranha insegurança, reação bastante comum para quem exerce cargo de chefia quando se troca a cúpula do comando.

Não era só impressão. Os meses subseqüentes provaram que eu estava certo, embora o período de transitoriedade devesse prolongar-se por mais tempo que eu imaginava. Houve até um período de sensação contrária. Com a elevação de Luciano Ornelas, até então secretário, ao cargo de editor-chefe, pareceu que a sucessão se faria sem traumas.

Concordei então em assumir a editoria de Reportagem Geral, que dali em diante seria uma supereditoria, pela fusão de duas seções – Reportagem e Geral – com cerca de 40 repórteres e redatores. A proposta dessa reformulação foi minha e partia de um argumento que sempre julguei correto: se o editor é o responsável pela edição das matérias, deve responder também pela equipe que faz a apuração. Cada uma das duas áreas tinha seus subeditores – Francisco Ornellas e Fernando Wilson Leal para a reportagem, Marcia Glogowski e Adilson Mion para a edição. Arquimedes Fernandes, que antes de ser repórter se revelara eficiente coordenador de correspondentes, substituiu Chico Ornellas, que passou a editor de Interior.

O esquema fazia parte de um projeto mais amplo que vinha sendo discutido, havia mais de cinco anos, por um grupo liderado pelo Marcos Wilson, que deixou a Internacional para dividir, com Ariovaldo Bonas, a secretaria de redação. Desse grupo, que mais de uma vez se reuniu em minha casa, participaram Luciano Ornelas, Luiz Fernando Emediato e, mais no começo, Robson Costa. Francisco Augusti, o Fran, também contribuiu com suas sugestões. Nem tudo saiu do papel, mas foi ali que brotaram algumas boas idéias encampadas e aperfeiçoadas por Miguel Jorge.

A "cadernização", por exemplo, que começou pela criação do caderno de Economia e mais tarde se estendeu aos cadernos de Cidades e Esportes, foi um projeto dessa época. Mesmo que outros tenham levado a glória, o mérito de quase toda a reforma foi, em grande parte, de Luciano Ornelas, que redesenhou as páginas 2 e 3. O jornal pretendia também lançar edições regionais no interior – um projeto adiado que a *Folha de S. Paulo* acabou concretizando alguns meses depois.

Marcos Wilson e Luiz Fernando Emediato – que planejou e dirigiu o Caderno 2, sem dúvida a mais ousada inovação da gestão de Miguel Jorge – deixaram o *Estado* em fevereiro de 1988 para trabalhar no SBT (Sistema Brasileiro de Televisão). Os dois haviam feito uma entrevista de duas páginas com Sílvio Santos, que os convidou para dirigir o novo Departamento de Jornalismo de sua emissora.

O competente Jorge Claudio Ribeiro retratou bem esse período, ao analisar as "condições e contradições do trabalho jornalístico" em sua tese de doutorado, publicada em livro em 1994 com o sugestivo título *Sempre Alerta* (Olho dágua-Editora Brasiliense). Contratado como redator na editoria de Reportagem Geral, ele aproveitou a convivência para conversar com os colegas e observar a rotina do jornal, com o cuidado de anotar tudo num diário que complementaria com depoimentos de 15 profissionais – de repórteres da base a diretores e donos do *Estado* e da *Folha*.

Surpresa não foi a excelência do resultado, mas descobrir que, ao bater papo de mesa em mesa, Jorge Claudio não estava matando serviço, mas colhendo material para sua pesquisa acadêmica.

Na primeira quinzena de março de 1988, Augusto Nunes se instalou no sexto andar da Marginal do Tietê e anunciou sua revolução. A primeira editoria que ele reuniu para falar de seu projeto foi a Geral. Havia um clima de muita incerteza e justificável insegurança na redação. Mas quem ouviu a preleção de estréia do novo diretor saiu da sala de reunião com certa sensação de alívio e esperança.
– Dentro de um ano, vocês terão os maiores salários de São Paulo – prometeu Augusto Nunes.
Os novos contratados chegaram com salários melhores, mas raríssimos foram os casos de aumento para o pessoal antigo. Ao contrário: em vez de novas promessas, o que mais houve foram pressões e ameaças. Decidido a riscar das páginas do jornal todos os vícios herdados, Augusto Nunes anunciou que seria rigoroso e intransigente com as falhas.
O competente Eduardo Martins, que já trabalhava no *Manual de Redação e Estilo*, seu futuro best seller, encarregou-se de vigiar cada linha. Sua dedicação e seu lápis vermelho não perdoavam nada. Cada começo de tarde, as editorias recebiam o jornal todo rabiscado. Alguns erros especiais não seriam mais tolerados – avisava-se nas reuniões aos editores.
Levei a questão a sério e transmiti a advertência à equipe. Criei, com isso, uma grande tensão na minha área. Repórteres e redatores sentiam-se inseguros, e eu mesmo não podia escapar a esse clima. Devo ter feito

muita besteira e, com certeza, cometi injustiças. Mas nem sempre eu percebia.

– Você está se tornando irreconhecível – observou-me, um dia, a repórter Noralmi Ferreira de Abreu, a quem fiquei devendo o favor de me ter feito abrir os olhos.

Vivia nesse ambiente em setembro de 1988, quando um dos editores-executivos da nova era me chamou à sua sala – um biombo armado na redação – e pediu uma lista com os dez "piores" da minha editoria – redatores e repórteres. Numa equipe de 40, sempre haveria os "piores", conforme fossem os critérios de avaliação. Por exemplo: aqueles que escreviam bem, mas apuravam mal, ou aqueles que, ao contrário, eram ótimos cavadores de notícias, mas escorregavam no texto.

Chegamos à lista dos dez.

Uma semana depois, o mesmo editor-executivo me apresentou uma relação de oito jornalistas "disponíveis na praça e dispostos a se transferir para o *Estado*".

Caberia a mim fazer a troca. Decidi deixar o cargo e fui conversar com Augusto Nunes. Foi uma conversa de jogo aberto. Eu até concordava que algumas pessoas deveriam ser substituídas, se fosse mesmo para enquadrar toda a equipe no perfil pretendido, mas não estava disposto a demitir ninguém.

Era uma decisão pessoal, bem pensada, fruto de uma experiência real e amarga. Nos seis anos e meio em que, por duas vezes, fui editor, havia demitido cinco colegas. Independentemente das razões que eu tinha, sofri muito com isso. Pelo menos dois dos demitidos se declararam meus inimigos irreconciliáveis – os únicos que fiz na vida.

Eu estava certo, agi como chefe, cumpri as normas da empresa, ganhava para isso? Não importa. Cada uma dessas demissões me doeu demais e eu não queria repetir a dose. Se alguém teria de dispensar alguém, não seria mais eu. Augusto Nunes respeitou a minha opção e concordou em me devolver à reportagem.

– Você fará suas próprias pautas, editará as suas reportagens e não perderá um centavo de seu salário.

Acreditei nas palavras dele. Uma semana depois, porém, o editor-executivo João Vítor Strauss, já falecido, retomou o assunto. Falava em nome de Augusto Nunes, mas a conversa era outra.

– Não vai dar para segurar o salário, você perderá a gratificação da função – alertou-me e, justiça seja feita, perguntou se eu queria mesmo deixar o cargo. Era decisão tomada. Não achava nem justo nem legal que reduzissem meu salário, mas não continuaria como editor.

No dia 8 de novembro, fui cobrir a greve dos metalúrgicos na usina da Companhia Siderúrgica Nacional, que havia sido ocupada por tropas do Exército, em Volta Redonda.

Tornava a ser repórter, a paixão de minha vida, mas estava ganhando 36% menos.

Estava magoado, mas não encostei o corpo. Acreditava que, se não pedia demissão, tinha de trabalhar com honestidade e fôlego. Alguns de meus amigos – profissionais competentes e dedicados – foram arrastados pela varredura daqueles meses, mas eu insistia em ficar.

No fim de 1988, eu chegava de uma reportagem com os tupamaros no Uruguai, quando a revista *Visão* me convidou para ser editor de Internacional. Recusei o convite e comuniquei essa decisão a Augusto Nunes, reafirmando minha opção pelo *Estado*.

Ele me mandou um bilhetinho, no dia seguinte. Dizia:

> *Mayrink, meu caro,*
> *Fiquei muito sensibilizado com a tua decisão a respeito do convite da Visão. Você é indispensável ao nosso projeto: precisamos de repórteres com a tua competência e o teu caráter. Um abraço, Augusto.*

Foram mais nove meses de resistência, mas a mágoa não passou. Em agosto de 1989, transferi-me para a revista *Família Cristã*, de Edições Paulinas. Saí com pesar, mas sem briga – afinal eram quase 21 anos de *JT* e *Estadão*, numa empresa em que sempre tive orgulho de trabalhar.

Deixei isso claro na minha carta de despedida.

CAPÍTULO 10

*Reflexões sobre a greve dos jornalistas em 1979.
O dilema entre a solidariedade aos companheiros e a decisão de trabalhar.
A pressão dos amigos que telefonavam para a redação.
Seqüelas de um lado e de outro.*

A Greve

ESTADO

Eu fui um fura-greve.

Essa confissão não é uma autocrítica, é só uma maneira de mergulhar de cabeça num episódio que eu vinha conscientemente deixando de lado – a greve dos jornalistas, em maio de 1979.

Por mais doloroso que seja para mim revivê-la agora, tanto tempo depois, quero recuar mais de vinte anos nesta história e contar como foi o sufoco daqueles dias.

Éramos mais ou menos cinqüenta os repórteres, redatores e editores encastelados no sexto andar da Marginal do Tietê, cada um de nós fazendo um pouco de tudo, enquanto os companheiros bloqueavam os portões do *Estadão* para impedir a entrada dos que queriam trabalhar.

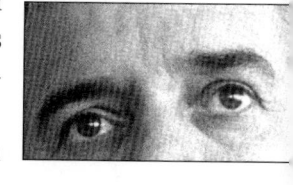

Nós éramos os fura-greve, os outros eram os piqueteiros.

Não quero cair na tentação de simplificar assim as coisas, como se fez na época, carimbando com essa definição depreciativa e azeda aqueles que se dividiram em campos opostos, quando a assembléia-geral do Tuca, o teatro da Pontifícia Universidade Católica de São Paulo, decidiu pela paralisação das máquinas.

O meu objetivo, ao remover as cinzas, não é fazer uma análise política da greve dos jornalistas, mas mostrar honestamente, neste depoimento, o que essa experiência significou para mim. Durante muito tempo, essa questão foi para muitos de nós, dentro e fora da redação, uma espécie de tabu, sobre o qual ninguém gostava de falar.

Era como se existisse um acordo tácito para esquecer o passado. O máximo que a gente conseguia era discutir o assunto em círculos fechados, para evitar constrangimentos.

A greve de 1979 foi uma das situações mais difíceis que enfrentei na vida. Foi uma opção sofrida, contraditória e insegura – uma decisão pessoal e íntima que, sem dúvida, mexeu com minha consciência, por mais firme e resoluto que eu parecesse na determinação de trabalhar.

Por que tomei essa decisão? Não houve um razão única. Foi um conjunto de motivos, que incluíam desde minhas convicções pessoais a respeito de greves e minha lealdade a uma empresa da qual não tinha queixas, até um inegável medo de perder o emprego.

Não me arrependi nunca da atitude tomada, mas carreguei na alma, anos a fio, as cicatrizes das feridas que aqueles cinco dias me custaram.

Acabávamos de fechar a edição de quinta-feira, que sairia com 72 páginas – portanto, uma edição normal – quando um telefonema anunciou a decisão da assembléia do sindicato pela greve. Como se tratava, àquela altura, de um resultado previsto, não houve a menor surpresa.

A direção do *Estadão* acionou imediatamente o esquema que havia montado para garantir a confecção, impressão e distribuição do jornal – o desafio imediato daquela madrugada, pois certamente os grevistas tentariam impedir que ele chegasse às bancas.

Os piquetes logo se postaram diante do portão principal, mas não conseguiram barrar os caminhões, que dispararam, em comboio, sob escolta de soldados da Polícia Militar.

Assistimos à cena da sacada da redação do *Jornal da Tarde*. Parecia uma operação de guerra – e quase era, tamanha a sua agressividade. Quando os motoristas venceram a barreira na saída do pátio e ganharam as pistas da Marginal do Tietê, ouviu-se um alarido de aplausos e vaias.

Os fura-greves comemoravam no sexto andar, os piqueteiros protestavam lá fora.

Gargalhadas, brincadeiras, insultos e piadinhas. O desfecho daquele primeiro embate provocou certa sensação de vitória e descontração. Na verdade, porém, a maioria de nós vivia emoções conflitantes. Se estávamos decididos a trabalhar por uma opção que acreditávamos ser consciente e honesta, ao mesmo tempo muitos de nós sentiam o apelo da solidariedade que devíamos à nossa categoria e, particularmente, aos colegas que resolveram ficar do lado de fora.

O clima da madrugada refletiu essa contradição.

Depois do jantar no sétimo andar (é verdade que comida e vinho chileno foram de graça, como se espalhou, na época), um grupo armou uma roda de samba para enganar a tensão. Cantava-se e tocava-se violão, mas nem todos compartilhavam esse ar de festa. Houve um redator que passou quase todas as noites acordado, andando de um lado para outro, impenetrável e mudo. Um editor mais inseguro – ele trabalhou, aderiu à greve e depois voltou a trabalhar – chorava feito criança.

Na primeira noite de vigília, a gente se divertia com as piadas do Fausto Silva, o futuro Faustão da Rede Globo, então repórter da editoria de Esportes, quando um telefonema interrompeu nossas risadas.

Era José Carlos Santana, que depois seria correspondente em Londres e, na virada do século, editor de Internacional do *Estado de Minas*, em Belo Horizonte. Estava ligando da rua para comunicar uma tragédia – a morte do nosso colega Flávio Márcio, que trabalhara no *Jornal da Tarde*, vítima de um acidente cirúrgico, ao ser operado das amígdalas.

– A morte do Flávio é a pior lembrança que guardo da greve – confessaria, mais de doze anos depois, o meu primo Geraldo Mayrink, interrompendo Melchíades Cunha, ex-*JT*, que questionava o sentido político da paralisação. Geraldo, que votou pela greve, saía da assembléia do sindicato quando soube da perda do amigo.

Como o editor-chefe Miguel Jorge estava no exterior, de onde retornou às pressas, o secretário de redação, Luciano Ornelas, assumiu o comando nos dois primeiros dias e me convocou para ajudá-lo na coordenação geral. Eu era editor de Internacional, cuja equipe estava reduzida à metade.

Quase ninguém saiu do jornal durante a greve. Dormíamos nos sofás ou sobre o carpete, se é que tínhamos sono. Não se tratava de dedicação e heroísmo – só queríamos evitar os piquetes que continuavam de plantão para impedir a entrada dos fura-greves.

Alguns colegas pularam o muro para chegar à redação, outros alcançaram o pátio interno escondidos num camburão da polícia.

Não gostaria de falar em patrulhamento, que é uma expressão desgastada, mas vou lembrar os telefonemas que a gente recebia de companheiros de fora. Amigos e aliados de outras lutas ligavam para tentar nos convencer a aderir à greve.

— Dídimo Paiva, que está aqui a meu lado, não entende como é que você está furando a greve – me disse, uma noite, Carlinhos Brickmann.

A pressão mexeu comigo. Dídimo Paiva havia sido meu chefe na redação do Correio de Minas e Carlinhos fora meu colega no *Jornal da Tarde*. Não havia o que responder, nada a explicar – era uma opção pessoal que, eu esperava, deveria ser respeitada.

Sete meses depois, na véspera do Natal de 1979, cruzei com o Dídimo no Aeroporto de Congonhas. Imaginei que fosse cobrar, ao vivo, a minha infidelidade. Quando ele me apertou a mão e me apresentou a um amigo, senti-me aliviado.

— Esse aqui é o Samuel Dirceu, que trabalhou com a gente em Belo Horizonte – disse ele, incorrendo numa confusão que muita gente já fez. Mineiros, pão-duros e baixinhos, Samuel e eu somos mesmo um tanto parecidos.

A greve dos jornalistas não me trouxe inimigos, mas abalou, por vários anos, meu relacionamento com alguns velhos amigos. Quando a gente se encontrava, sempre havia certo constrangimento de parte a parte.

A hora mais difícil foi a do reencontro, na volta à redação daqueles que haviam feito greve. Alguns poucos foram demitidos e todos receberam uma advertência escrita, alertando para os riscos de punição mais greve – a demissão – em caso de reincidência.

Quem trabalhou mereceu rasgados elogios e promessas de eterna gratidão.

Tudo isso fazia parte do jogo – ou, melhor, da emoção do momento. Nem todos os que aderiram à greve foram punidos, nem todos os que trabalharam conquistaram garantia de emprego.

CAPÍTULO 11
Com as freiras na Família Cristã.
"Mayrink não vai agüentar isso aqui." Evangelização e jornalismo.
Experiência profissional numa revista religiosa.
Repórter, redator, editor e até fotógrafo.

Intermezzo

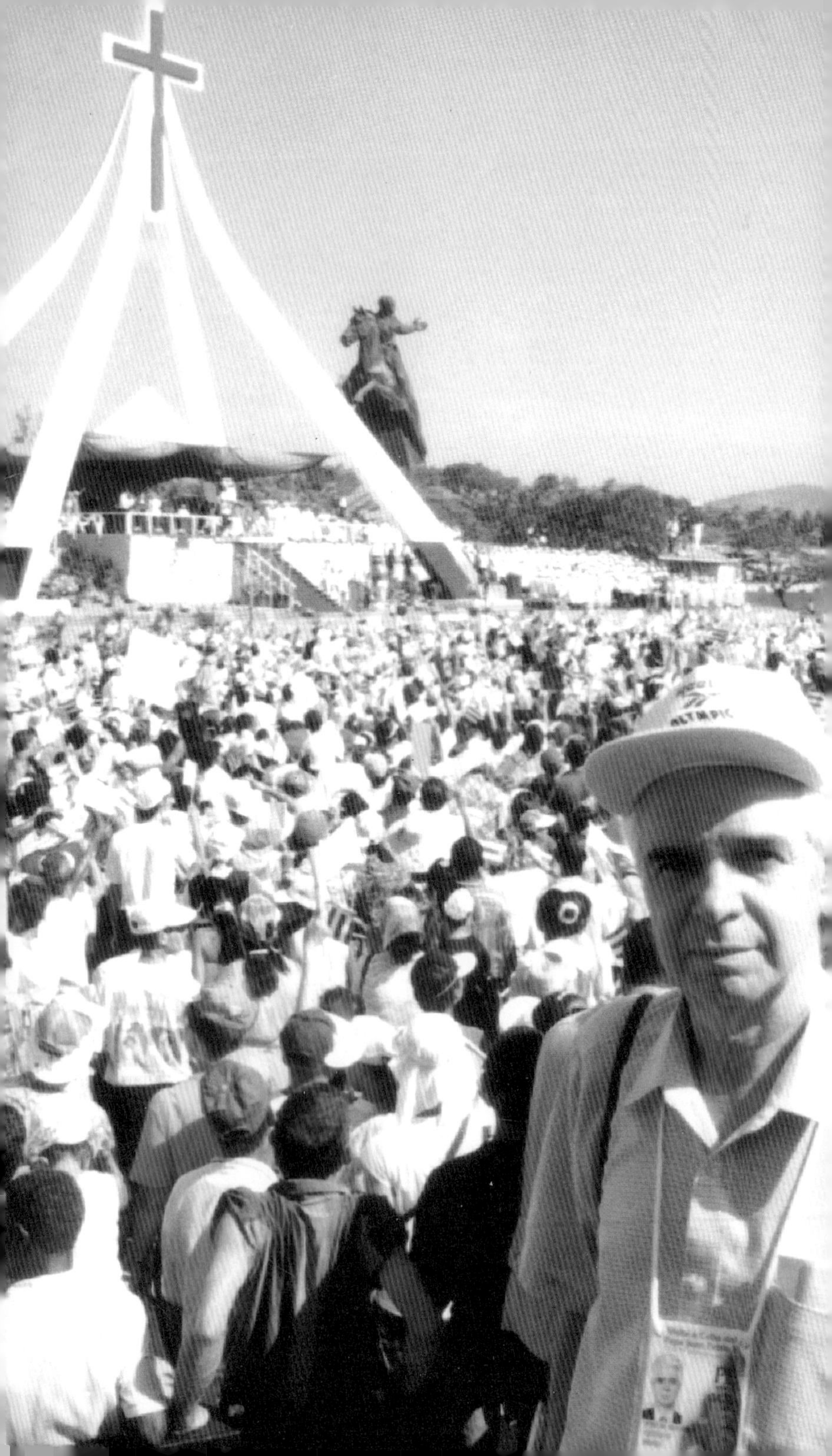

As irmãs paulinas da *Família Cristã* certamente não esperavam que eu fosse trabalhar na revista em tempo integral, quando aceitei o convite delas, em agosto de 1989. Propunham contratar-me para meio expediente e surpreenderam-se com minha contra-oferta. Se cobrissem o salário, eu estava disposto a sair do *Estadão*. Cobriram.

– Se eu soubesse disso, teria levado você para *O São Paulo* – disse o cardeal Dom Paulo Evaristo Arns, quando lhe falei da transferência.

Poderia ter sido uma alternativa. Sempre tive muito contato com a Igreja, mas nunca havia tido com ela uma ligação profissional. A novidade não era eu escrever para a *Família Cristã*, era trocar um grande jornal diário por uma revista religiosa mensal. Muita gente não entendeu a decisão. A começar pela minha família, quase todas as pessoas com as quais conversei acharam estranha e arriscada a mudança.

Tentei convencê-las, e a mim mesmo, de que estava fazendo um bom negócio.

As irmãs paulinas pretendiam ampliar a revista – uma publicação com mais de cinqüenta anos de tradição e cerca de 120 mil assinantes espalhados literalmente por todos os municípios do Brasil. A minha contratação seria apenas o primeiro passo de um ambicioso projeto de expansão.

Entrei no expediente como editor-executivo, mas na realidade fazia de tudo na redação da *Família Cristã*. Discutia a pauta, apurava, redigia, editava as matérias e conferia as provas de cada edição na Editora Abril, onde a revista é impressa. Até fotógrafo eu fui.

Gostava do trabalho, apesar da frustração de verificar que o serviço era muito maior do que eu imaginava. Horários bem certinhos, ambiente muito tranqüilo, ritmo à prova de qualquer pressão, mas nada de muita folga.

Era ilusão minha pensar que revista mensal só aperta na semana do fechamento.

Para funcionar, o fluxo tem de ocupar todos os dias do mês, como se a gente estivesse fechando a edição cada dia. Quem trabalha em periódicos (com o perdão da palavra) sabe disso, mas eu não sabia.

O prédio da *Família Cristã,* nos fundos da livraria de Edições Paulinas, na Estação Ana Rosa do metrô, lembrava o convento de freiras que foi no passado. Tudo com muita ordem, limpeza absoluta e, principalmente, muito silêncio. Voltei até a conversar mais baixo, como nos meus tempos de seminário, mais de trinta anos atrás.

– A gente entra aqui e tem vontade de comungar – brincou o meu colega Fernando Lichti de Barros, ao visitar a redação.

– Tive vontade de me confessar com você – emendou Antônio Carlos Cabral, que trabalhou comigo no *Estadão.*

Minha mulher, Maria José, captou o mesmo clima de recolhimento e paz que impressionaram meus amigos jornalistas, mas teve uma reação oposta.

"Mayrink não vai agüentar isso aqui, é muito diferente de jornal", pensou ela, ao percorrer os corredores – mas não me disse nada. Um ano depois, quando me revelou aquela primeira impressão, admirei sua capacidade de percepção e admiti que ela tinha toda a razão.

Engana-se quem imagina a *Família Cristã* uma revista amadora e artesanal. Basta folhear alguns exemplares para se constatar o profissionalismo das irmãs paulinas que, por vocação e carisma, se dedicam ao apostolado da comunicação. As irmãs que encontrei na redação – Luzia Rodrigues da Silva e Rosalina Bottasso – são jornalistas formadas e competentes.

Fúlvio Giannella Júnior, que me substituiria como editor, era o único repórter contratado. A equipe incluía ainda o diagramador e desenhista Josias Artur de Morais, um pastor evangélico de excelente humor e, como se nota, sem nenhum preconceito. Incentivei a contratação de *free lancers*, entre os quais Fernando Barros e Mário Lúcio Franklin – o que, aliás, não era novidade na revista, pois ela sempre trabalhou com jornalistas.

Em novembro de 1990, duas reportagens da *Família Cristã* ganharam o Prêmio Fenaj de Jornalismo, patrocinado pela Federação Nacional de Jornalistas – portanto, uma distinção mais que profissional. As matérias premiadas foram *Meninas da Vida* (prostituição infantil), de Rosalina Bottasso e Helena Kessuane, e *A Riqueza do Brasil Informal* (economia clandestina), minha reportagem de estréia na revista.

O prêmio não significava muito dinheiro, mas era o reconhecimento de um trabalho profissional. *Família Cris-*

tã concorreu com os maiores jornais e revistas do País. E com alguns de seus mais talentosos e respeitados profissionais, como Teodomiro Braga, Jânio de Freitas, Gilberto Dimenstein, Terezinha Lopes e Mário Chimanovitch.

A passagem, de um ano e meio, pela redação da revista reforçou minha convicção de que é complicado encaixar a visão de um jornalista leigo com a orientação de uma publicação religiosa. A Igreja, que freqüentemente se queixa de suposta censura interna na imprensa, também controla com rigor os seus órgãos de comunicação. Aliás, não é só a Igreja Católica e as de outras denominações. Essa é uma prática, em geral de todas as instituições fechadas, como Forças Armadas, sindicatos e partidos políticos.

Quem acompanha a rotina e as assembléias da Conferência Nacional dos Bispos do Brasil (CNBB) sabe bem disso. Não é fácil levantar informações no meio eclesiástico. Bispos, padres, freiras e dirigentes de movimentos religiosos, como os carismáticos, costumam encarar repórteres com desconfiança e certa má vontade. Como muitos deles já foram vítimas de distorções, má-fé, incompetência e de mal-entendidos, resistem a entrevistas, às vezes nem atendem o telefone.

Ao ser eleito presidente da CNBB, em 1995, o então cardeal-arcebispo de Salvador e primaz do Brasil, Dom Lucas Moreira Neves, recusou-se a receber um repórter de *Veja* que pretendia traçar seu perfil para a próxima edição da revista. Dom Lucas hesitou, pensou, consultou assessores e, afinal, acabou recebendo o repórter apenas para dizer que não daria entrevista. O repórter recorreu a outras fontes e escreveu um texto que não agradou, nem um pouco, ao cardeal, mais tarde prefeito da Sagrada Congregação para os Bispos, no Vaticano.

Bem o estilo de Dom Lucas. Por mais que insistisse, o brasilianista e historiador norte-americano Kenneth P. Serbin, da Universidade de San Diego, Califórnia, também não conseguiu entrevistá-lo para seu livro *Diálogos na Sombra* (Companhia das Letras), que trata do diálogo entre bispos e militares, de 1970 a 1974, durante o período mais cruel da ditadura. Foi pena, porque a imagem de Dom Lucas fica muito mal no episódio da prisão e tortura de Frei Tito Alencar, o dominicano que se suicidaria num convento de Lyon, na França. O cardeal, também dominicano, teria se recusado a servir de testemunha na Auditoria Militar, sob a alegação de que isso poderia prejudicar suas atividades pastorais.

Digo que foi uma pena ele não ter falado ao historiador, porque teria sido uma boa oportunidade para esclarecimento de algum equívoco. Discreto, por mineirice e caráter, Dom Lucas prestou bons serviços à Igreja nestes últimos 30 anos. No campo da comunicação, ele foi porta-voz da Arquidiocese de São Paulo, como bispo auxiliar de Dom Agnelo Rossi e depois de Dom Paulo Evaristo Arns, antes de ser transferido para Roma, onde foi secretário do Colégio dos Cardeais e da Congregação para os Bispos. Nomeado arcebispo de Salvador, na Bahia, era presidente da CNBB quando João Paulo II o chamou de volta ao Vaticano. Incluído insistentemente na lista de "papáveis", os cardeais cotados para a sucessão do papa, renunciou ao cargo de prefeito da Congregação dos Bispos por motivo de saúde.

Confunde-se, com freqüência, conteúdo de noticiário com opinião editorial. Na assembléia de 1999, que se reuniu no convento de Itaici, município paulista de Indaiatuba, o bispo da diocese de Ji-Paraná (RO), Dom Antônio Possamai, interpelou o repórter Roldão Arruda sobre as críticas que *O Estado de S. Paulo* havia publicado em editorial da página 3, no qual afirmava que uma entrevista moderada do presidente da CNBB, Dom Jayme Chemello, nada tinha a ver com um contundente texto do documento *Análise de Conjuntura*, sobre a situação social, econômica e política do País, lido em dias antes no plenário. Não adiantou Roldão Arruda, autor da entrevista, explicar que não era o responsável pelo editorial. A entrevista transcrevia declarações de Dom Jayme, o editorial refletia a posição do jornal. Nenhuma contradição.

Felizmente, há exceções. Bom exemplo é o bispo de Blumenau, Dom Angélico Sândalo Bernardino, ex-repórter de um diário de Ribeirão Preto, que jamais deixa pergunta sem resposta. Outro é o bispo de Jundiaí, Dom Amaury Castanho, também jornalista, ex-diretor do semanário *O São Paulo*, da Arquidiocese de São Paulo.

Muitos bispos e padres só dão entrevistas com a condição de poderem ler antecipadamente o texto a ser publicado – e, naturalmente, com a garantia extra de que nada será alterado.

Impossível, na prática.

Argumentei isso, quando o padre Jonas Abib, fundador da associação Canção Nova, um movimento carismático que utiliza os modernos meios de comunicação para evangelizar, condicionou uma reportagem à leitura prévia do que eu pretendia publicar.

Como eu disse que, com tal restrição, não haveria reportagem, ele resolveu arriscar. Abriu-me as portas de suas instalações em Cachoeira Paulista, no Vale do Paraíba, falou de sua obra e autorizou fotografias. O padre só respirou aliviado quando leu o *Estado*, três dias depois. Eu não falava mal dos carismáticos, embora não seja bem essa a linha de minha preferência na Igreja.

Reação semelhante enfrentei num contato com padre Marcelo Rossi, em dezembro de 1999. Cauteloso e desconfiado, ele relutou em me conceder 90 minutos de seu tempo ocupadíssimo para uma página no *Jornal do Brasil*. Seria uma entrevista no estilo pingue-pongue, ou seja, de perguntas e respostas. Os entrevistados adoram esse formato. Como se trata de uma gravação, acreditam que o risco seja menor, mesmo que o texto seja cortado e editado.

Dependendo do peso do conteúdo, explica-se a apreensão de bispos, padres e pastores, pois aparentes insubordinações repercutem imediatamente no topo da hierarquia.

Foi o que ocorreu, em meu caso, em relação a uma reportagem sobre a ordenação sacerdotal de homens casados, questão discutida numa das assembléias da CNBB. Como o título e o olho de abertura da matéria davam a entender que o episcopado brasileiro pedia o fim do celibato dos padres, o Vaticano reagiu na hora. Roma leu a notícia pela Internet e pediu explicações antes de o *JB* chegar a Itaici, onde se reunia a assembléia.

A assessora de imprensa, irmã Maria Alba, só se acalmou quando mostrei a ela que meu texto não dizia o que o título anunciava. Dom Luciano Mendes de Almeida, então presidente da conferência, mandou uma carta de esclarecimento, que o jornal publicou no dia seguinte. Era preciso ficar bem claro que uma coisa é apenas discutir a admissão de homens casados no ministério sacerdotal e outra seria permitir que os padres se casassem.

Imprecisões e besteiras no vocabulário eclesiástico irritam particularmente os padres. Informar, por exemplo, que tal freira deixou o convento após tantos anos de sacerdócio, como escreveu, certa vez, uma repórter do *JB*. Ou, menos grave, identificar como cardeal um arcebispo que não recebeu essa honraria – o que costumava ocorrer com certa freqüência no caso de Dom Hélder Câmara, da Arquidiocese de Olinda e Recife.

Acho que, se às vezes sou considerado especialista em questões eclesiásticas, é mais pelo fato de saber latim e de dominar a linguagem da Igreja do que pelas informações que armazenei nessa área.

Bispos e padres confiam um pouco mais em quem carrega essa bagagem.

– Esse é nosso amigo – comenta-se nas sacristias, quando um repórter publica um texto fiel e correto. Pode ser um juízo precipitado, porque não se deve exigir que o jornalista só escreva coisas favoráveis pelo fato de ser católico e de haver estudado num seminário. De qualquer maneira, é certo que, aqui como na cobertura de outras instituições fechadas, o profissional só consegue romper barreiras depois de comprovar eficiência e honestidade.

Cuidados e boa intenção à parte, todos podemos ter nossos pecados. Quero me penitenciar de um dos meus, o deslize profissional que cometi em julho de 1995, por ocasião de um congresso missionário em Belo Horizonte.

Na celebração de abertura, no estádio Mineirinho, milhares de participantes aplaudiram com entusiasmo o arcebispo de Mariana, Dom Luciano Mendes de Almeida, que acabara de deixar a presidência da CNBB – e receberam com certa frieza o seu sucessor, o cardeal Dom Lucas Moreira Neves, então arcebispo de Salvador e primaz do Brasil.

Ao relatar esse episódio, classifiquei-o como um "incidente", como se Dom Lucas tivesse sido hostilizado no estádio, enquanto Dom Luciano era aplaudido.

Dom Luciano – que é, de certa maneira, o meu arcebispo, pois a paróquia de minha cidade natal, Jequeri, pertence à Arquidiocese de Mariana – achou que eu havia sido infeliz e injusto na escolha da expressão.

– Não foi um incidente, nem Dom Lucas foi vaiado – disse-me ele, dois dias depois, advertindo-me para o fato de que, com tal descrição, eu estaria contribuindo para alimentar a crença de que a eleição para a presidência da CNBB havia sido uma disputa entre alas ideológicas antagônicas – o que, em sua opinião, não era verdade.

A advertência doeu. Não só por vir de Dom Luciano, um santo homem por quem tenho muito apreço, mas também pela mágoa que minha reportagem deve ter causado a Dom Lucas, meu conhecido desde os anos 70, quando ele era bispo auxiliar em São Paulo.

Meu pecado era mais grave, pois eu havia carregado nas palavras sem ter assistido à cena. O relato baseava-se na visão de testemunhas supostamente equivocadas na interpretação que deram ao que chamei de incidente.

A criação do Vicariato Episcopal de Comunicação, em 1992, facilitou a vida dos jornalistas no contato com a Arquidiocese de São Paulo. A iniciativa foi do cardeal Dom Paulo Evaristo Arns, um homem que sempre valorizou a mídia. Monsenhor Arnaldo Beltrami, que havia sido assessor de imprensa da CNBB, ganhou o pomposo título de vigário episcopal e passou a falar como porta-voz do arcebispo. O vicariato era um colegiado de padres, freiras e leigos que se reunia, a cada dois meses, com o cardeal. Fui convidado para fazer parte da equipe e nela permaneci por alguns anos. Com a aposentadoria de Dom Paulo, seu sucessor Dom Cláudio Hummes mudou a estrutura. Substituiu o vicariato por um conselho, mais amplo e com as mesmas funções.

Se não tinham a informação pedida, os assessores indicavam especialistas para responder aos jornalistas. Uma das primeiras providências que monsenhor Arnaldo tomou, ao assumir o cargo, foi alterar a escala de folga, para que na segunda-feira, tradicionalmente dia de descanso para os padres, houvesse sempre alguém à disposição da imprensa. Uma de suas atribuições era atender à pastoral da comunicação. Até a véspera de sua morte, em outubro de 2001, ele estava sempre pronto para celebrar missas, casamentos e batizados para seu rebanho, os "comunicadores" de jornais, rádio e televisão. Durante bom tempo, seu braço direito foi o eficiente Fernando Altemeyer, que depois pediria dispensa do ministério sacerdotal, embora continuasse como professor do Departamento de Teologia e Ciências da Religião na PUC de São Paulo.

Tudo muito bem, mas voltemos a 1990.
Estava na hora de dar por encerrada minha experiência na *Família Cristã*. Comecei a sentir saudades do jornalismo diário. Foi muito desconfortável, entre outras pautas, a sensação de ficar fora da cobertura das eleições presidenciais de 1989, quando os brasileiros foram às urnas depois de 29 anos de jejum. Além disso, sofria com o impacto do Plano Collor, que congelou meu salário. Como não havia reajustes, o orçamento ficou apertado. Num fim de mês, faltaram uns trocados até para completar o tanque do carro.
Levei o problema às diretoras da revista. Argumentei com as irmãs paulinas que, se ainda me restava alguma coisa do espírito de pobreza dos meus tempos de seminarista (quando tinha voto de pobreza), não podia agora viver como um abnegado religioso. Tinha família, mulher e quatro filhas dependendo de meu contracheque. Entenderam o meu drama, concordaram em atualizar o salário, fizeram uma proposta. Não deu certo.
Decidi voltar ao mercado – para usar uma expressão de Marcos Wilson, diretor de Jornalismo do SBT, o amigo que me incentivou a retomar o dia-a-dia da redação. Não foi fácil. Mesmo trabalhando num emprego fixo, constatei que não se encontra uma boa vaga na hora em que a gente precisa dela. Os amigos prometem se empenhar, os chefes pedem currículo, desculpas adiam as esperanças.

Boris Casoy fez uma ponte para mim com Otávio Frias Filho, na *Folha de S. Paulo*.

– Já conversei com o Otavinho, ele está esperando sua ligação – disse-me o Boris, prevendo que desse telefonema sairia um "casamento perfeito", pois eu me daria muito bem no jornal da Alameda Barão de Limeira. Otavinho nem me atendeu. A secretária dele mandou que eu falasse com um dos editores, que me receberia em nome do dono do jornal.

O editor examinou minha ficha, viu minha idade e pediu que lhe enviasse recortes de reportagens minhas. Foi meio constrangedor, eu parecia um foca buscando seu primeiro emprego.

– Só falta a *Folha* em seu currículo. Por que você quer trabalhar aqui?

Expliquei que não era bem isso, que estava ali atendendo a chamado, conseqüência do contato feito pelo Boris. Dois dias depois, o editor mandou dizer que não havia interesse.

Foram dois meses de angústia, de outubro a dezembro de 1990. Pensei no *Jornal da Tarde,* sondei a *Agência Estado* e, afinal, acabei retornando ao *Jornal do Brasil*. Era uma de minhas opções, mas não acreditava nessa possibilidade, até o dia em que Marcos Wilson telefonou ao diretor da sucursal, Carlos Alberto Sardenberg, que imediatamente me ofereceu uma vaga.

– Não é a melhor vaga que tenho, mas é a que posso lhe dar – disse-me Sardenberg com honestidade e franqueza, prometendo uma promoção para a primeira oportunidade.

Aceitei a oferta e ele cumpriu a promessa.

CAPÍTULO 12

*Trabalhando a 400 quilômetros do jornal.
A rotina de uma sucursal. Repórter para toda obra.
Concorrendo em grandes coberturas.
Acampamento dos sem-terra. Testemunha-refém de uma rebelião.*

De Volta à Rua

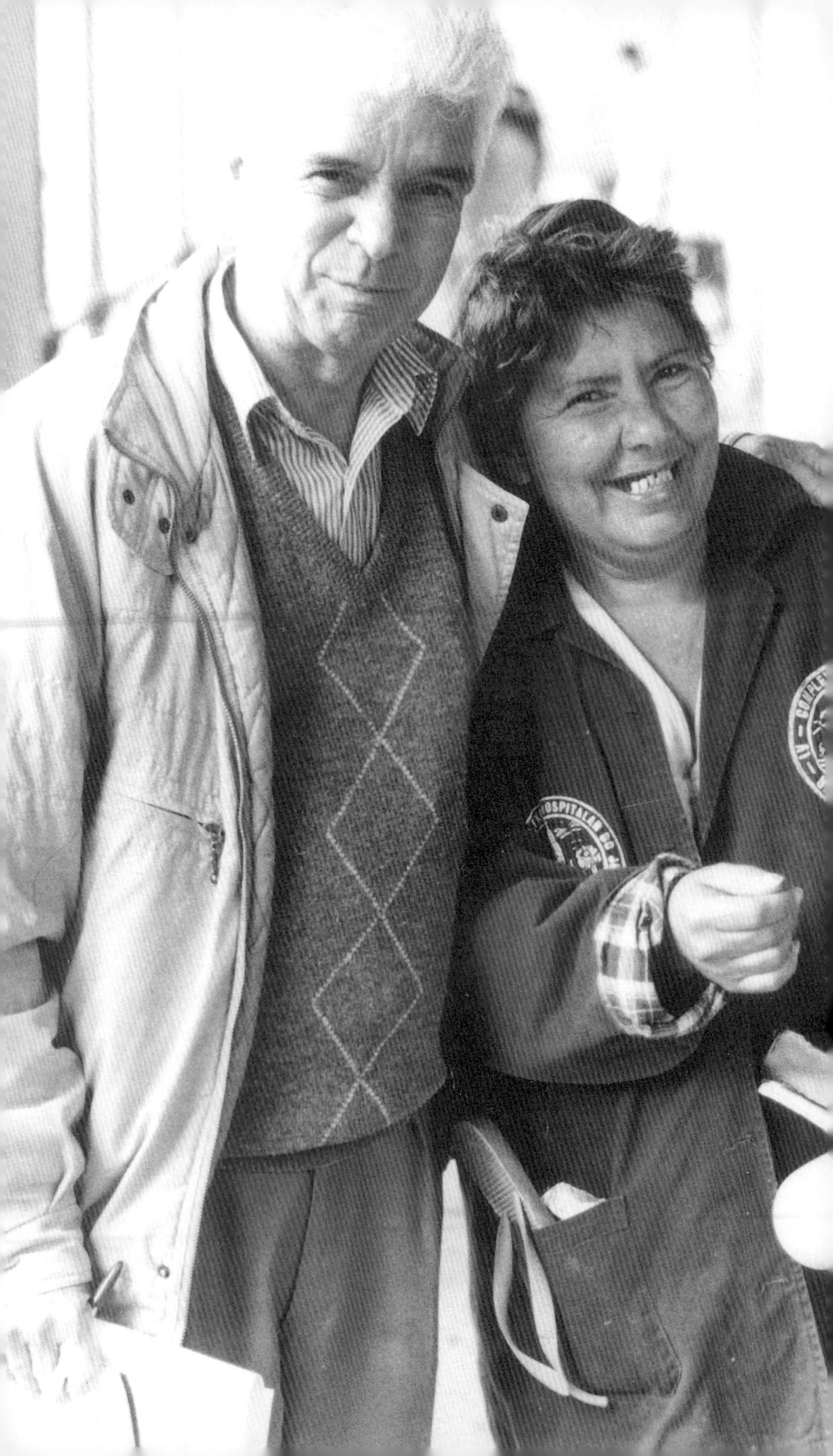

No dia 7 de janeiro de 1991, subi o elevador até o 15º andar da Avenida Paulista, 777, para ser repórter especial – exatamente a mesma função que eu ocupava em julho de 1968, quando deixei o *JB* no Rio, para vir trabalhar em São Paulo.

Reencontrei companheiros e amigos – Humberto Werneck, Ouhydes Fonseca, Roberto Jungmann, José Antônio Rodrigues, Ricardo Kotscho, Inês Knaut, o laboratorista-fotógrafo Severino Martins, Eleno Mendonça e Célia Chaim – e me senti como se estivesse voltando a uma casa conhecida. E era. Pois logo descobri que alguns colegas da minha passagem pelo Rio ainda continuavam no jornal. Luiz Orlando Carneiro, Wilson Figueiredo, José Gonçalves Fontes, Bella Stal, Israel Tabak, João Batista de Freitas, Oldemário Touguinhó, Zuenir Ventura... não é que era muita gente?

Cheguei com a alegria e a garra de um foca. O fotógrafo Luiz Luppi, que morreria dois anos depois, deve ter notado meu entusiasmo, quando mergulhamos os pés na lama da represa de Guarapiranga para mostrar a sujeira da água de um dos reservatórios que abastecem a cidade.

Era minha primeira reportagem dominical, nessa volta à rua.

Tinha 52 anos de idade e 29 de profissão, era um velho repórter de cabelos grisalhos. Ninguém pareceu ligar para esse detalhe, pois não houve perguntas. Aliás, a reação de Marcos Sá Corrêa, então editor do *JB*, não poderia ter sido melhor, quando Sardenberg lhe submeteu o meu nome.

– Contrate esse sujeito imediatamente – foi a sua resposta.

Vibrei de satisfação. Lembrei-me de uma conversa com Ewaldo Dantas Ferreira, no *Jornal da Tarde*, nos anos 70. Falávamos de idade e eu perguntei o que seria de mim dez anos depois, quando passasse dos quarenta.

– Você será dez anos mais experiente – observou Ewaldo, que não precisaria evocar o seu próprio exemplo para provar que tinha razão.

Foi só esperar o tempo correr.

– Estamos na época mais produtiva da vida profissional – me disse um dia, na redação do *Estado*, o meu amigo Antônio Carlos Cabral, que tem a minha idade.

Era verdade. Foi nessa época, na faixa dos quarenta, que escrevi algumas de minhas melhores reportagens.

Em março de 1980, surpreendi-me com a garra profissional de um correspondente do *Times*, de Londres, que cobria o seqüestro dos diplomatas pelos guerrilheiros do M-19 em Bogotá. Com um lenço na cabeça, para proteger a calvície do sol da montanha, o repórter britânico, de 55 anos, enfrentava o plantão com o pique e o entusiasmo de um jovem.

– Será que vou conseguir isso quando chegar à idade dele? – perguntei ao Pepe Fajardo, aquele que cobriu guerrilhas em todo o continente e morreu atropelado nas ruas de São Paulo.

Passei, faz tempo, dessa marca e, pelo jeito, a chama continua acesa.

Um bom teste, nesse retorno *Jornal do Brasil*, foi a cobertura da viagem do João Paulo II a dez cidades brasileiras, em outubro de 1991. Em dupla com o incansável fotógrafo Evandro Teixeira, que reencontrei no batente, enfrentei a maratona do papa com a mesma disposição dos velhos tempos.

De volta à redação, falei dessa façanha com orgulho e alegria.

O trabalho na sucursal me devolveu o gosto da reportagem do dia-a-dia, das pautas incertas, do varejo às vezes surpreendente. O ritmo é mais acelerado, em comparação com o da sede, mas a gente se adapta. Cobre-se tudo, ou quase tudo, mesmo que metade das matérias não seja aproveitada no dia seguinte. Só senti falta do nervosismo do fechamento, saudade talvez de levar o texto até à boca das rotativas e depois ficar esperando o jornal sair, para lamber a cria.

Comparando essa experiência com o estágio em Belo Horizonte, em 1977, chego à conclusão de que a decepção de Minas foi a pouca perspectiva da cidade – não foi a limitação de repórter de filial.

Fazia tempo que eu não trabalhava tanto, mais de dez horas por dia, mas abracei a nova rotina com indisfarçável entusiasmo.

– Você está fazendo reportagem nessa altura da vida? – admirou-se o veterano Audálio Dantas, ex-*Realidade*, ex-presidente do Sindicato dos Jornalistas de São Paulo, ex-deputado federal, então assessor de imprensa do Metrô.

Se podia parecer censura, soou como elogio.

Lugar de repórter é na rua, vou sair para uma externa – brincava Ricardo Kotscho com os colegas, repetindo essa frase que, mais tarde, eu transportaria para a tela de descanso de meu computador. Brincadeira divertida, era também uma irônica advertência de Kotscho aos novatos na profissão que faziam do telefone e da Internet seus principais instrumentos e fontes quase exclusivas no levantamento de informações.

Chegou-se ao extremo de, num dia de tempestade e enchentes, o fotógrafo José Carlos Brasil não ter nenhuma história para identificar os personagens dos impressionantes e belos flagrantes que ele havia documentado na rua. O repórter não havia saído da redação para descrever a catástrofe que inundava São Paulo.

Outra tentação que foi se tornando vício na sucursal era a mania de pescar nos sites de agências de notícias da imprensa local, principalmente na *Agência Estado* e na *Folha*, flashes de última hora que não haveria tempo de apurar. Copiava-se a informação, com o cuidado apenas de disfarçar o texto. Pirataria arriscada, pois não haveria defesa possível, se a veracidade de um fato ou a autenticidade de uma declaração viessem a ser contestadas. As notas de agências locais servem de pista, mas devem ser checadas. Diferente é o noticiário de emissoras de rádio e de televisão, quando fazem transmissões ao vivo, entrevistando pessoas que podem ser reconhecidas ou identificadas.

Trabalhando a 400 quilômetros da sede do *JB*, eu tinha com freqüência a sensação de estar escrevendo para um jornal virtual. Não adiantou ir duas ou três vezes ao Rio, onde esperava acabar com essa espécie de pesadelo, ao retomar o contato físico com a redação, sentir o cheiro de tinta da rotativa e conhecer pessoalmente colegas com os quais só falava por telefone.

Houve, no entanto, surpresas agradáveis. Editores e outros chefes de trato áspero pelo telefone e contido pelo computador mostraram-se amigos afáveis e divertidos. Um deles foi Otávio Costa, para quem enviava matérias na editoria de Política, um profissional sério de poucas palavras.

– Você engana de longe, pois não é nada daquilo que eu imaginava – brinquei com ele, consolidando uma amizade que aumentou ainda mais quando descobri que ele era sobrinho de Odylo Costa, filho, um dos mitos de meus tempos de foca.

Outra revelação foi Marcelo Beraba, um dos editores-executivos na gestão do diretor Marcelo Pontes. Exigente e sempre ligado à notícia, Beraba cobrava da sucursal uma cobertura atenta e completa, como se não levasse em conta as deficiências da estrutura paulista. De estilo e temperamento bem diferentes, ele e Paulo Totti, também editor-executivo, completavam-se na cúpula da redação. Ficamos amigos quando trabalhei em contato direto com ele, em minhas idas ao Rio ou em suas poucas vindas a São Paulo.

Cerca de 120 repórteres e chefes passaram pela sucursal durante os nove anos que fiquei no *JB*. Éramos 33 na Avenida Paulista 777, quando Carlos Alberto Sardenberg comandava a equipe, com Jaime Klintowitz na secretaria de redação e coordenadores nas áreas de

Geral, Política, Economia, Esportes e Caderno B. Impossível enumerar a lista. Apesar do risco de omissões injustas, não deixaria de citar alguns nomes que mais me marcaram a lembrança.

A começar por Célia Chaim e Eleno Mendonça, que já conhecia, nosso bravo pelotão incorporou, de janeiro de 1991 a março de 2000, quando saí, figuras fabulosas como Nilton Horita, Luiz Lanzetta, Antônio Carlos Prado, Karla Terra, Vasconcelo Quadros, Ricardo Fonseca, Roberto Comodo, Apoenan Rodrigues, Jorgemar Felix, Mônica Dallari, Evanildo da Silveira, Wagner Barreira, Karina Pastore, Ibsen Spartacus, Lucinda Pinto, Adriana Mattos, Luiz Maklouf de Carvalho, Claudia de Souza, Fabrício Marques, Francisco Carvalho de Oliveira, Selma Panaso, Marili Ribeiro, Roberto Bascchera, Paula Pavon, Rejane Aguiar, Sandra Silva, Laura Greenhalgh, Rubens Valente, Antônio Ximenes e Nélson Silveira. Entre os fotógrafos, Ariovaldo Santos, José Carlos Brasil, Roberto Faustino, Sérgio Amaral, Hélvio Romero, Sérgio Andrade, Armando Fávaro, Florência Costa e Stela Lachtermacher.

Esses e outros mais, incluindo o pessoal da produção, como a eficiente Eliete Generoso, além daquela turma inicial que registrei ao chegar.

Sebastião Ferreira da Silva, o Ferreirinha, um dos últimos motoristas que ainda alimentam a velha chama de repórter, também marcou de maneira especial minha passagem pela sucursal. Ligado ao dial do painel do carro, funcionava como rádio-escuta competentíssimo, à prova de furos e sustos na cobertura do dia-a-dia. Sem falar nas oportunas sugestões de pauta que nunca falharam. Amigo e solidário, estava sempre disposto a socorrer colegas em apuros, na saúde ou na doença.

Foi Ferreirinha quem, com a ajuda de outros companheiros da redação e tirando dinheiro do bolso, deu total assistência ao motorista Alípio Sanches, quando ele foi internado e morreu em poucas semanas, em 12 de maio de 2000.

São raros os motoristas que, como Ferreirinha, entram no espírito da cobertura e se tornam verdadeiros repórteres auxiliares, por vocação, necessidade e gosto. Mas eles sempre existiram e às vezes reaparecem quando menos se espera. Nas viagens, por exemplo, especialmente no exterior, onde o táxi costuma ser um precioso contato já no percurso do aeroporto ao hotel. Há jornalistas que, a partir de informações superficiais dessa primeira fonte, fazem análises pretensiosas de uma realidade ainda desconhecida, arriscando-se a cometer erros e equívocos injustificáveis. Deve-se, é claro, resistir a essa tentação, mas não dispensar a colaboração de um motorista capaz de ser auxiliar e guia.

Com certeza, caí mais de uma vez na armadilha de entrevistar o condutor do táxi ou o recepcionista do hotel para saber de um país ou de uma cidade. Se não transmiti impressões falsas, incorri na superficialidade. Em compensação, tive a sorte de contratar motoristas que facilitaram muito meu trabalho, indicando-me pessoas e levando-me a locais que um roteiro oficial jamais revelaria. Isso ocorreu em El Salvador, onde um taxista que fazia ponto no Hotel Camino Real, em San Salvador, rodou comigo por aldeias e fazendas do interior, enfrentando o risco de estradas minadas e de emboscadas da guerrilha.

Em Cuba, o ex-funcionário público José Luis Sariol, que ficou meu amigo e me acompanhou em duas de minhas três viagens a Havana, apresentou-me a *compañeros* que me renderam excelentes histórias. E, no Chile, em setembro de 1973, Carlos Brickmann, Clóvis Rossi e eu descobrimos que nosso motorista, este sim capaz de traçar um perfil confiável do general Pinochet, era um dirigente do Partido Socialista do presidente Salvador Allende. Experiência mais recente viveu, em setembro de 2001, o repórter Lourival Sant'Anna, enviado especial de *O Estado de S. Paulo* ao Paquistão, na seqüência dos atentados suicidas contra os prédios do World Trade Center em Nova York e do Pentágono, em Washington. Foi um desconhecido motorista de táxi que, apoiando-se em suas ligações tribais e em seu parentesco com militares influentes, introduziu o repórter, por algumas horas, no então inacessível e perigosíssimo território do Afeganistão.

A equipe da sucursal do *Jornal do Brasil* começou a encolher após a passagem do diretor regional Marcelo Pontes por São Paulo, mas nem por isso o Rio deixava de cobrar volume e qualidade na cobertura. Sem levar em conta a precariedade da estrutura – falta de gente, de equipamento e de dinheiro – os editores continuavam exigindo dedicação e presteza do pessoal. E, se a pressão da matriz era grande, não era menor o arrocho da direção local. Nossos chefes de reportagem – uns menos, outros mais – quase entravam em pânico.

Trabalhando sob marcação implacável do Rio, a chefia de reportagem chegou a ponto de credenciar um motorista e três contínuos como repórteres para a cobertura do carnaval de 1997 nas pistas do Sambódromo. Essa mesma chefia destacaria outro contínuo para gravar entrevistas à porta do Instituto Médico Legal. De plantão entre profissionais de imprensa, rádio e televisão, ele foi surpreendido e interpelado por agentes de segurança ao tentar ouvir o governador Mário Covas.

Vexame e falta de responsabilidade.

Na manhã de 31 de outubro de 1996, vivemos um dos grandes momentos de nossa reduzida equipe, com a queda do jato Fokker 100 da TAM. Apesar da hesitação inicial da chefia de reportagem, os repórteres do *JB* foram dos primeiros a chegar ao local do acidente, junto a uma das cabeceiras da pista do Aeroporto de Congonhas. Roberto Bascchera e Hélvio Romero cancelaram a entrevista com jogador de futebol, quando o rádio do carro de Ferreirinha anunciou a catástrofe. Vasconcelo Quadros e Armando Fávaro desviaram-se da rota da Casa de Detenção, onde havia rescaldos de uma rebelião de presos, para vasculhar os destroços do avião.

O editor-executivo Marcelo Beraba, que estava embarcando no Santos Dumont para Belo Horizonte, trocou o bilhete para São Paulo e assumiu o comando na sucursal. Resultado desse reforço: produzimos um caderno de excelente qualidade, concorrendo em pé de igualdade com o *Estadão*, *Folha de S. Paulo* e *Diário Popular*. Coube-me, nessa cobertura, checar a lista de vítimas no hangar da TAM e, em seguida, escrever uma reportagem especial para a edição de domingo sobre a infra-estrutura de Congonhas e os riscos que o aeroporto representava para os bairros vizinhos.

A presença de Beraba foi traumatizante para a coordenação local. Tão traumatizante que, quando caiu um Cessna bimotor na região metropolitana, alguns meses depois, a chefia de reportagem mobilizou quase toda a sucursal para levantar tudo sobre o acidente. Fabrício Marques estreou um sapato novo de sola fina nas matas das serras de Perus.

– Como é que vai ser no dia em que cair um Boeing? – provoquei em meio ao nervosismo geral, ao observar que a equipe deslocada pelo *JB* era mais numerosa que as vítimas do pequeno bimotor.

No caso do jatinho do conjunto Mamonas Assassinas, em março de 1996, o esforço compensou. Madrugada de domingo, um telefonema da sucursal de Brasília acordou Jorgemar Felix em casa. Em menos de uma hora, todo o pessoal estava em campo. Acompanhei o resgate dos corpos na Serra da Cantareira, ouvi amigos e parentes das vítimas em Guarulhos, fiz plantão no velório, cobri o enterro. Apesar desses verbos na primeira pessoa, é bom deixar claro que não estava pretensiosamente sozinho: havia serviço para todo mundo, na rua e na redação. Mais uma vez, o *JB* saiu com uma cobertura digna, apesar da limitação de recursos.

A mesma coisa ocorreu na tragédia da Favela Naval, no dia 1º de abril de 1997, quando a polícia fuzilou um rapaz suspeito de envolvimento no tráfico de drogas. Levantamos histórias emocionantes, conseguimos depoimentos exclusivos, reconstituímos o clima de terror naquele bairro de Diadema, numa das regiões mais pobres e mais violentas do ABC. A preocupação, depois de esgotar o factual, era garantir uma página diferenciada para domingo. Claudia de Souza sugeriu que eu passasse a noite na favela para registrar o medo que, com certeza, sufocava os moradores. Foi uma boa sacada. O plantão que fiz, com Hélvio Romero e Ferreirinha, nas imediações do local do crime, rendeu uma boa matéria. Entre outras descobertas, a constatação de que os traficantes controlavam a situação. Eles sabiam o que o *JB* estava fazendo em seu território e garantiram nossa segurança.

Em duas outras ocasiões, também por sugestão de Claudia de Souza, acampei com o Movimento dos Trabalhadores Rurais Sem-Terra (MST) para ver como era a rotina nas áreas ocupadas ou invadidas. Da primeira vez, passei três noites, em setembro de 1994, num assentamento do município de Promissão e uma noite numa barraca de lona, à beira da estrada, num acampamento de Getulina, no centro-oeste paulista. Nenhum conforto, mas era a vida que levavam as famílias mobilizadas pelo movimento. Dormi num galpão apreciando os ratos que passeavam pelos caibros do telhado sem forro. O dormitório dava para um depósito de mantimentos, ao lado do refeitório do assentamento.

Um ano depois, o fotógrafo Sérgio Amaral e eu nos instalamos num acampamento de Teodoro Sampaio, na região do Pontal do Paranapanema. "Invasores sem-terra resistirão a bala" foi a manchete do *Jornal do Brasil* para o relato que fizemos. O líder José Rainha Júnior, que depois seria preso, processado e absolvido de uma acusação de homicídio, despontava no cenário da luta pela reforma agrária com ameaças incendiárias. Uma matéria de Vasconcelo Quadros, publicada na mesma página, revelava que os fazendeiros já estavam contratando segurança particular para resistir às invasões de suas propriedades.

Coberturas como essas supõem pique, disposição e sempre uma boa dose de coragem. Todas têm o seu risco, mas nenhuma como a experiência que vivi em 29 de março de 1995, quando o jornalista Dermi Azevedo, que era assessor da Secretaria Estadual de Justiça, pediu que eu servisse de testemunha nas negociações dos representantes do governo com os líderes de uma rebelião da Penitenciária de Tremembé, no Vale do Paraíba. Com 35 reféns sob os canos de suas armas, os presos exigiam a transferência para outros presídios.

Jamais me ofereceria para uma aventura dessa, mas não tive como recusar.

– Teremos a proteção de atiradores do Comando de Operações Especiais (tropa de elite da Polícia Militar), mas estamos todos correndo risco de vida – alertou o secretário Belisário Santos Júnior aos companheiros da comissão mediadora.

Se eu já estava apreensivo, a apreensão transformou-se em medo quando entrei na penitenciária e vi que os policiais montavam uma operação de guerra. Além de fuzis, carabinas e revólveres, havia ali pilhas de máscaras, frascos de sangue, macas e tubos de oxigênio – prova evidente de que a PM se preparava para a hipótese de haver feridos e mortos.

Eram duas e meia da tarde quando chegamos ao alambrado de uma ala de 80 celas, onde nos esperavam os líderes da mais longa rebelião da história de São Paulo. Os amotinados estavam completando 71 horas de tensa vigília, mas pareciam calmos, ainda que na mira de 15 atiradores da tropa de choque.

Passamos 50 minutos entre os policiais que estavam ajoelhados atrás de nós, dedos nos gatilhos, e os estiletes de 14 presos rebelados. Um passo em falso e sobrariam tiros para todo mundo. Saímos sem a lista dos que deveriam ser transferidos, como exigia o comando da rebelião.

– Prefiro ter o desgaste político a perder vidas aqui – avisou Belisário Santos Júnior, ao perceber a decepção dos radicais que pretendiam resolver logo a parada. O desfecho só viria no dia seguinte, sem derramamento de sangue.

Só então o governador Mário Covas revelou que, se os reféns fossem molestados, teria autorizado a invasão do presídio.

1999 foi meu último ano no *Jornal do Brasil*. Com a demissão do trio Marcelo Pontes, Paulo Totti e Marcelo Beraba, a direção passou às mãos de Noenio Spinola, ex-correspondente em Washington, Moscou e Londres, que estava afastado do jornalismo diário, trabalhando como assessor na Bolsa de Mercadorias e Futuros (BM&F), em São Paulo. Da equipe anterior, restava o secretário de redação Orivaldo Perin. Maurício Dias e Fábio Dupin assumiram os cargos de editores-executivos. Tudo bem na relação com o Rio, apesar do estilo diferente desse novo comando.

Na chefia da sucursal, o repórter Antônio Ximenes substituiu Claudia de Souza, que ocupava a função desde 1994. Gaúcho, jovem e ainda pouco experiente,

Ximenes vinha da *Agência JB*, na qual cobria a área de economia. Mas fizera duas reportagens notáveis – uma visita ao Parque do Xingu com Orlando Villas Bôas e uma série com a guerrilha da Colômbia. Foi esta série, uma aventura ousada de boa repercussão, que projetou seu nome no *JB*. Entusiasmado, Noenio promoveu Ximenes a repórter especial e, em seguida, confiou-lhe a sucursal de São Paulo.

O comando do *Jornal do Brasil* mudou de novo em dezembro de 1999, quando Noenio deixou a direção e foi substituído por Fritz Utzeri. Um mês depois, Ximenes saiu. Escalado para tocar o barco interinamente, fui nomeado chefe de redação da sucursal em janeiro de 2000. Relutava em aceitar a nomeação, mas não tive como resistir ao apelo de Maurício Dias. A equipe estava desfalcada, sem dinheiro, o pagamento começando a atrasar. Caminhava-se, a passos acelerados, para a degringolada que culminaria, em setembro de 2001, com a demissão de todo o pessoal e o fechamento da sucursal.

Durei pouco na função – um mês efetivo, dez dias demissionário. Minha saída foi fruto de uma brincadeira que deu certo.

– Como você não quis me levar para o *Estado*, agora não tem mais jeito, porque fui nomeado chefe – telefonei a Eleno Mendonça, mais para dar uma notícia do que para lembrar que a volta à Marginal do Tietê continuava sendo meu sonho.

Eleno perguntou se eu toparia mesmo voltar.

– Volto de olhos fechados, não quero nem saber quanto vou ganhar.

Uma hora depois, ele ligou para dizer que havia uma vaga de repórter e pediu que fosse conversar com o diretor Pimenta Neves na segunda-feira. Na noite do mesmo dia, era ainda quinta-feira, Eleno me surpreendeu em casa com uma novidade.

– O homem quer você para editor-executivo e falou para vir conversar com ele amanhã. É bom vir logo, antes que ele mude de idéia.

Perdi o sono, de tanta euforia.

CAPÍTULO 13

De volta ao Estado de S. Paulo. *O crime de 20 de agosto, quando Pimenta Neves matou Sandra Gomide. Decepção, consternação e dor, as seqüelas de uma tragédia. Vida de repórter.*

Reencontro

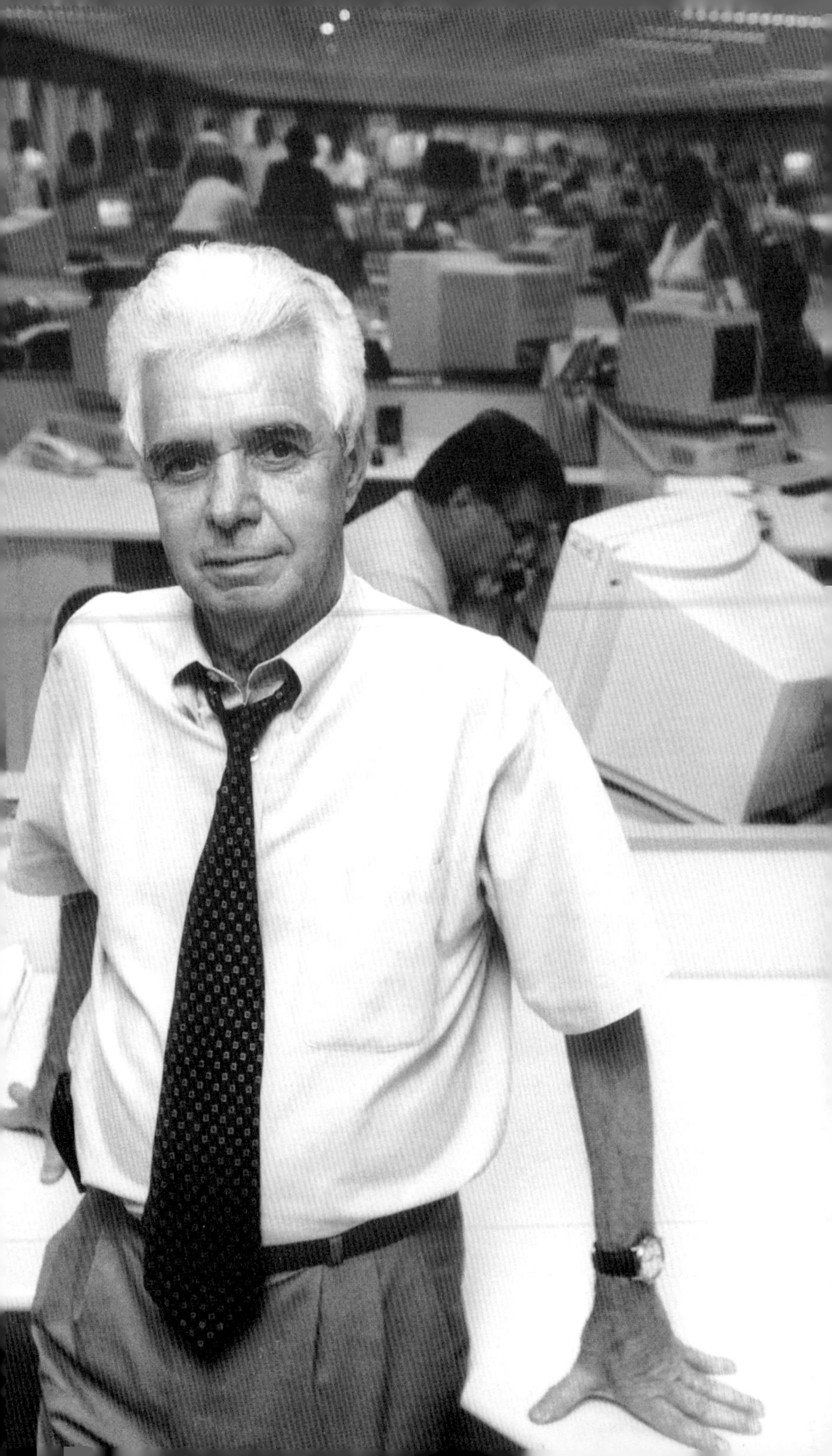

Só voltei ao *Estadão* dez anos e meio depois da ida para a *Família Cristã*. Na primeira semana de dezembro de 1999, atravessei a Ponte do Limão para almoçar no restaurante do jornal, a convite de Fernando Portela e Moisés Rabinovici, ex-companheiros no *Jornal da Tarde* nos anos 70. Convite de amigos, sem aparente segunda intenção, conseqüência de um telefonema à toa.

– Você está de volta? – perguntou-me Fábio Pahim ao pé do ouvido, imaginando alguma negociação na surdina, coisa de mineiros, mesmo sendo Portela pernambucano.

– É, estou voltando depois de mais de dez anos – respondi sem nenhuma mentira. Pois era isso mesmo: nunca mais pisara no prédio da Avenida Engenheiro Caetano Álvares, 55, na Marginal do Rio Tietê, desde o segundo semestre de 1989.

Até que sentia saudade. Sonhava às vezes com o *Estado*, reconstruindo na fantasia do inconsciente as reformas que, me informavam, tanto haviam mudado o sexto andar. Reconhecia no sonho velhos colegas do passado, como se todos continuassem ali – e muitos deles de fato continuavam.

O zunzum sobre meu eventual retorno aumentou quando percorri a redação, apertando a mão de uma dezena de conhecidos. Eleno Mendonça, com quem havia trabalhado no *JB* até 1994, pôs mais lenha na fogueira, me acompanhando por uma boa meia hora entre as mesas de editores, repórteres e redatores.

Essa revisita serviu para espantar os fantasmas da imaginação. Verifiquei que, fora a chegada dos computadores – que para mim já não eram novidade, desde a revista *Família Cristã* – quase nada havia mudado. Voltei para casa feliz por haver reencontrado mais amigos do que esperava num cenário ainda familiar, apesar de tanto tempo de ausência.

Foi só dois meses depois, na segunda semana de fevereiro de 2000, que o sonho virou realidade. Como Eleno Mendonça havia aconselhado, fui conversar com Pimenta numa manhã de sexta-feira. Uma hora de conversa, ele falando, eu só ouvindo. Confirmado o convite para assumir uma das vagas de editor-executivo, dei um tempo ao *JB*, tirei dez dias de férias e comecei no dia 1.º de março.

Surpresa: o número de companheiros remanescentes – ou que haviam saído e voltado – era muito maior do que imaginava. Cheguei a contar mais de 100, numa relação que incluía pessoal do *Estado*, *Jornal da Tarde*, *Agência Estado* e outras áreas, de contínuos a diretores. Das editorias que havia chefiado – Internacional e Geral – reencontrei Cecília Thompson, Ari Penteado, Marcia Glogowski, Renato Lombardi, Mauro Mug, Regina Cavalcanti, José dos Santos, Roberto Muniz, Josepha Szwartuch, Luiz Roberto de Souza Queiroz e Márcia Guerreiro.

– Os velhos estão voltando quase todos, não é, Seu Mayrink? – comentou meu amigo Eduzinho, aliás Eduardo Vieira de Albuquerque, um dos contínuos dos anos 70, ao reconhecer mais rostos familiares na redação.

Antônio Carlos de Godoy, Ari Schneider, Roberto Godoy, Anélio Barreto, Kléber de Almeida e, mais tarde, Sérgio Miguel, Antero Greco, Cida Damasco, Júlio Moreno e Gabriel Manzano, todos marinheiros de segunda, terceira e até quarta viagem nos barcos da Marginal do Tietê, foram alguns daqueles com os quais já havia trabalhado e que estavam retornando à empresa.

– O bom filho à casa torna – repetia-se o chavão, dos dois lados do corredor do sexto andar, cada vez que reaparecia alguém.

Muita gente conhecida.

Do pessoal antigo, permaneciam na redação Antônio Carvalho Mendes, Robert Appy, Marco Antônio Rocha, Antônio Carlos Pereira, Luiz Carlos Ramos, Eduardo Martins, José Carlos Cafundó de Morais, Beth Melo, Rolf Kuntz, José Nêumanne Pinto, Moacir Amâncio, Isabel Campos, Glorinha Lopes, Lourenço Dantas Motta, José Eduardo Faria, Valdir Sanches, Maria Lúcia Fragata, Castilho de Andrade, Percival de Souza, Valéria Wally, Hugo Almeida, Sérgio Vaz, Carlos Motta, José Marcio Mendonça, Laerte Fernandes, Hélio Cabral, Alcides Lemos, Durval Braga, Flávio de Carvalho, Roberto Pontes Lima, Cesar Giobbi, Fausto Macedo...

Francisco Ornellas também estava de volta, coordenando há anos o curso de Jornalismo Aplicado, de treinamento e extensão universitária, para estudantes do último ano de faculdade e recém-formados – um bem aquecido forno de talentos e revelações.

Difícil era guardar a fisionomia e o nome do pessoal mais novo – mais de 300 no *Estado*, uns 150 no *JT* e outros 100 na *Agência Estado*.

Como editor-executivo, a vaga para a qual fui convidado, dividia meu trabalho entre funções burocráticas (controle de despesas na redação e reuniões com outras áreas) e o fechamento da primeira página. Chegava às 10 horas da manhã, saía sempre depois das 11 da noite. Não era bem o que planejara, mas estava satisfeito da vida.

– Você não vai se arrepender por ter voltado – observou Lourival Sant'Anna, ao assumir o cargo de editor-chefe na nova estrutura de comando. Daniel Piza e Eleno Mendonça, que substituiria Lourival como editor-chefe, também foram nomeados editores-executivos, formando uma equipe à qual se somariam Roberto Gazzi, Nelson Merlin e Anélio Barreto.

Roberto Bascchera, Fernando Neves, Maurício Palhares, Eugênio Goussinsky, Cristina Canas, Lucinda Pinto, Fernando Barros, Paula Quental, Flávio Freire, Sandra Silva, Hélvio Romero, Evanildo da Silveira e Armando Fávaro, todos ex-sucursal do *JB*, juntaram-se ao grupo nos meses posteriores. Alguns entraram e saíram, confirmando aquela tradicional rotatividade que sempre marcou o jornalismo.

Amizade e companheirismo são uma preciosidade infelizmente muito atrelada à convivência na redação. Imagino que seja assim também em outras profissões, mas não sei se é tanto. Se a gente não volta a se encontrar nas coberturas de rua, os contatos tornam-se cada vez mais raros. São poucos os casos de jornalistas que estendem a amizade além dos limites do local de trabalho, visitando-se em casa ou saindo juntos para comer num restaurante. Vivo conferindo expedientes de publicações e assinaturas de matérias para ver por onde andam os colegas de outros tempos. Raul Drewnick, por exemplo. Aposentado, ele havia deixado o jornal, mas continuava escrevendo deliciosas crônicas e divertidos livros infantis.

Há oportunidades que se apresentam por acaso. Numa delas, redescobri a figura fabulosa de Oliveiros Ferreira, ex-diretor do *Estado* com quem havia convivido por longos anos na Rua Major Quedinho e na Marginal do Tietê, sempre meio a distância. Como não era seu subordinado direto, jamais fomos além de palavras e saudações formais. O reencontro ocorreu por ocasião de uma reportagem que fiz com ele para a revista *Jornal dos Jornais,* um perfil profissional e humano que enriqueci com depoimentos de amigos e ex-companheiros de redação, como Robert Appy e Miguel Jorge.

Oliveiros passou 48 anos no *Estadão*. Começou como correspondente na cidade de Marília em 1951, aposentou-se como diretor em julho de 1999. Foi um "raro chefe que entendia do riscado", dizia o título da reportagem, ao lado de uma foto de duas páginas que espelhava o rosto sorridente e a barba inconfundível, estilo Trotski – ou Lênin? – do ex-militante socialista que estava se distanciando do dia-a-dia para continuar trabalhando em casa. O homem que enfrentou a censura dos generais na redação, durante a ditadura de 1964, recolhia-se à tranqüilidade de seu escritório, no bairro do Ibirapuera, para escrever mais um livro, o nono de sua carreira acadêmica e literária, provavelmente um ensaio sobre o futuro do Brasil.

Trabalhando na primeira página, eu tinha contato direto e constante com Pimenta Neves, o diretor de redação que, alguns meses depois, no dia 20 de agosto de 2000, ganharia as manchetes policiais como assassino de sua ex-namorada Sandra Gomide, ex-editora de Economia, que ele demitira semanas antes.

Mal conhecia Pimenta. Quando ele se tornou correspondente em Washington, em 1982, eu ainda era editor de Internacional. Mas tivemos pouco contato, após uma apresentação formal, porque ele fazia Economia e minha editoria cuidava da cobertura de outras áreas.

Conheci-o um pouco melhor ao longo dos seis meses em que trabalhei com ele. Além de participar de reuniões com editores, que ele coordenava, conversávamos às vezes, em sua sala, nos fins de noite. Pimenta queixava-se de problemas de saúde, lamentava ter voltado dos Estados Unidos, contava das filhas e da ex-mulher que moram lá. Parecia tenso, cansado e desiludido.

Mas nada que fizesse prever a tragédia de agosto.

– Pimenta acaba de ligar para dizer que atirou na Sandra – disse o chefe de reportagem Cláudio Augusto ao telefone, sem mais rodeios. Eu estava tirando uma soneca na rede, depois de almoçar com a família no domingo. Era um dos primeiros editores para quem Cláudio Augusto, ainda transtornado com a notícia, estava ligando.

"Meu Deus! Meu Deus!", reagi quase gritando, ao mesmo tempo que discava para Ruy Mesquita e, logo em seguida, para Júlio César Mesquita, diretores do *Estado*, a fim de comunicar o que acabava de acontecer. Uma hora depois, cheguei à redação, onde já se reunia a cúpula da empresa. Decidiu-se publicar o crime, sem nada encobrir, apesar do envolvimento do criminoso e da vítima com o jornal.

Foi uma cobertura digna.

Quando a televisão noticiou o caso, naquele domingo e nos dias e semanas seguintes, o pessoal literalmente parou diante dos aparelhos espalhados pela redação imensa. Silêncio impressionante, consternação geral.

Na segunda-feira, atendi uma ligação do Pimenta no ramal da editoria de primeira página. Criticava o espaço que o jornal dava ao crime e queixava-se do destaque da TV Globo e do que dizia Boris Casoy na TV Record. Em sua opinião, a imprensa só dava a versão da família e da defesa de Sandra. Embora ninguém tivesse ouvido o telefonema – a não ser o relato que resumi para quem estava por perto – a revista *Época* publicou-o em detalhes. O conteúdo era essencialmente verdadeiro, mas a citação supostamente literal e a ênfase de algumas expressões não correspondiam à realidade. Nenhum dos quatro repórteres que assinavam a matéria havia falado comigo.

Duas semanas depois, visitei Nilton Gomide, o irmão de Sandra, no escritório de sua modesta oficina mecânica no bairro de Vila Mariana, para lhe entregar correspondência do jornal. Foi meia hora de conversa falando do crime, do criminoso e de suas vítimas, especialmente das famílias envolvidas. Abalado com a tragédia, ele não entendia como aquilo podia ter acontecido. Parecia tranqüilo, mas não conformado. Pedia justiça, queria que Pimenta fosse a júri e condenado logo.

Na madrugada de 19 de setembro, acordei com uma terrível dor no estômago que quatro injeções, uma manhã inteira no pronto-socorro, não conseguiram tirar. Quando cheguei ao consultório do gastrenterologista Eraldo Fiore, que havia sido pediatra de minhas filhas, ele diagnosticou a gravidade do problema e mandou que eu me internasse imediatamente. Gastrite hemorrágica. Passei 12 horas com uma sonda enfiada pela garganta, retirei um litro e meio de sangue.

– A coisa foi feia – observou o especialista que me atendeu no hospital. Um exame de endoscopia descobriu também uma pedra na vesícula, que tive de operar meses depois. Essa crise foi conseqüência de tensão emocional. Apareceu na mesma noite em que eu havia decidido adiar uma planejada visita ao Pimenta, no xadrez do 77.º Distrito Policial, no bairro de Santa Cecília. Achava que, independentemente da atrocidade do crime e de suas seqüelas, deveria visitá-lo na prisão. "Eu estava doente e me visitaste, estava preso e foste me ver", diz o trecho do Evangelho de São Mateus que fala dos atos de misericórdia. Avisei um dos diretores do jornal, pedi autorização ao delegado. Alguns colegas de redação, entre os quais a editora Marcia Glogowski, insistiam que eu não tinha de fazer isso.

– Você não vai suportar, porque está abalado demais – argumentou Maria José, preocupada com meu abatimento nas semanas anteriores. Pediu-me que desistisse da visita ou que a adiasse para ocasião mais oportuna. Nossas quatro filhas eram da mesma opinião. Conselho razoável, não havia como não concordar. Mas fui dormir dividido. Por volta das duas e meia da madrugada, acordei com a dor no estômago.

Passada a crise, mandei um bilhete ao Pimenta, no dia 7 de novembro. Queria cumprir uma promessa feita a uma das filhas dele, Andrea, que conhecera no jornal, alguns dias após o crime.

Transcrevo um trecho do bilhete:

> ... *Passei 12 horas com uma sonda introduzida pela garganta, a fim de retirar o sangue acumulado no estômago... Aproveitei essas horas em que mal podia falar (e mal conseguia dormir, apesar dos sedativos) para refletir e rezar. Ofereci meu sofrimento, que não era pouco, por você e sua família, pela Sandra e pela família dela, e por todas as pessoas que, no jornal, sofreram, permita-me usar esta expressão, com a tragédia de 20 de agosto.*
>
> *Na minha fé cristã, acredito que Deus há de ter misericórdia para com você, que tenha acolhido Sandra na vida eterna e que dê o possível conforto à sua família e à dela... Mal conhecia você, quando me convidou, em fevereiro, para voltar ao* Estadão. *Nos seis meses seguintes, tivemos uma convivência diária da qual guardo boas recordações. Menos ainda conheci a Sandra, mas me lembro dela com carinho e consternação...*

A mensagem chegou ao destinatário pelas mãos do delegado do Distrito Policial.

No fim de fevereiro de 2001, fui ver Pimenta no xadrez em companhia de um colega de redação. A visita durou 50 minutos. Olhando aquele homem emagrecido, de cabeça raspada, sapatos sem cadarços e roupa tipo abrigo, tive a impressão de estar vendo a figura de um presidiário atrás das grades. Enquanto Pimenta falava de sua rotina na prisão e do mundo cá de fora, sem nenhuma referência ao crime pelo qual estava preso, fixei os olhos nas mãos dele.

Não podia entender como um daqueles dedos podia ter apertado o gatilho para tirar a vida de Sandra Gomide.

Parecia, e ainda parece, um terrível pesadelo.

Ao tomar conhecimento de minha angústia, Frei Betto ligou para me tranqüilizar a consciência.

– Pelas mesmas razões suas, eu também achei que teria o dever cristão de visitar o Pimenta, com quem cheguei a trabalhar por pouco tempo, bem menos que você. Mas pensei muito e resolvi que só vou vê-lo depois que for julgado e condenado, e vai ser, porque agora minha visita certamente teria conotação política e poderia ser interpretada como manifestação de apoio a um criminoso, e não é o caso.

Frei Betto falava com a autoridade de alguém que, além de sabedoria cristã, tem uma experiência pessoal: durante o regime militar, ele passou quatro anos na cadeia, dos quais um mês e meio trancado numa cela solitária.

Ele bem sabe o que significa receber uma visita na prisão.

Redação do *Jornal da Tarde*, 19 de novembro de 1971: Mayrink e Ricardo Gontijo recebem a notícia da conquista do Prêmio Esso de Jornalismo, pela reportagem "Receita para São Paulo", uma série sobre os principais problemas da cidade.

Mayrink participa do Cursilho da Cristandade na cidade paulista de Piracicaba: ouvindo reflexões e testemunhos que ameaçaram a pretendida isenção da reportagem.

Mayrink nada no Rio Araguaia, em 1974, quando fez uma reportagem (censurada) com o bispo
Dom Pedro Casaldáliga sobre conflitos de terra na Prelazia de São Félix do Xingu, em Mato Grosso.

Na página seguinte, Mayrink com o repórter Sérgio Motta Mello num templo budista de Kioto,
durante a visita do presidente Ernesto Geisel ao Japão, em setembro de 1976.

Agência Estado

Ao voltar do exílio, o ex-deputado e jornalista Hermano Alves (à esquerda) desembarca em São Paulo, em dezembro de 1977. Correspondente do *Estadão* em Londres, ele foi recebido no aeroporto por Mayrink e Antônio Carlos Cabral, editores de Internacional.

Em maio de 1980, Mayrink cobre passeata em manifestação contra os Estados Unidos em Havana. Centenas de dissidentes deixavam Cuba, de barco, pelo porto de Mariel.

Mayrink de plantão nas proximidades da Embaixada da República Dominicana, ocupada por guerrilheiros em Bogotá, em março de 1980. A seu lado, o jornalista espanhol Pepe Fajardo, que morreria atropelado em São Paulo.

Numa cooperativa de camponeses de El Salvador, na América Central, onde o governo da junta militar prometia uma reforma agrária, em março de 1980, para neutralizar a guerrilha de esquerda.

"Turismo" na boca de um vulcão nos arredores de Manágua, em 1980, nos primeiros meses do governo sandinista que derrubou o ditador Anastacio Somoza.

Entrevista com paciente de uma clínica psiquiátrica sobre a solidão, tema de uma série de reportagens, publicada em dezembro de 1982, que no ano seguinte saiu em livro.

Foto Reginaldo Manente

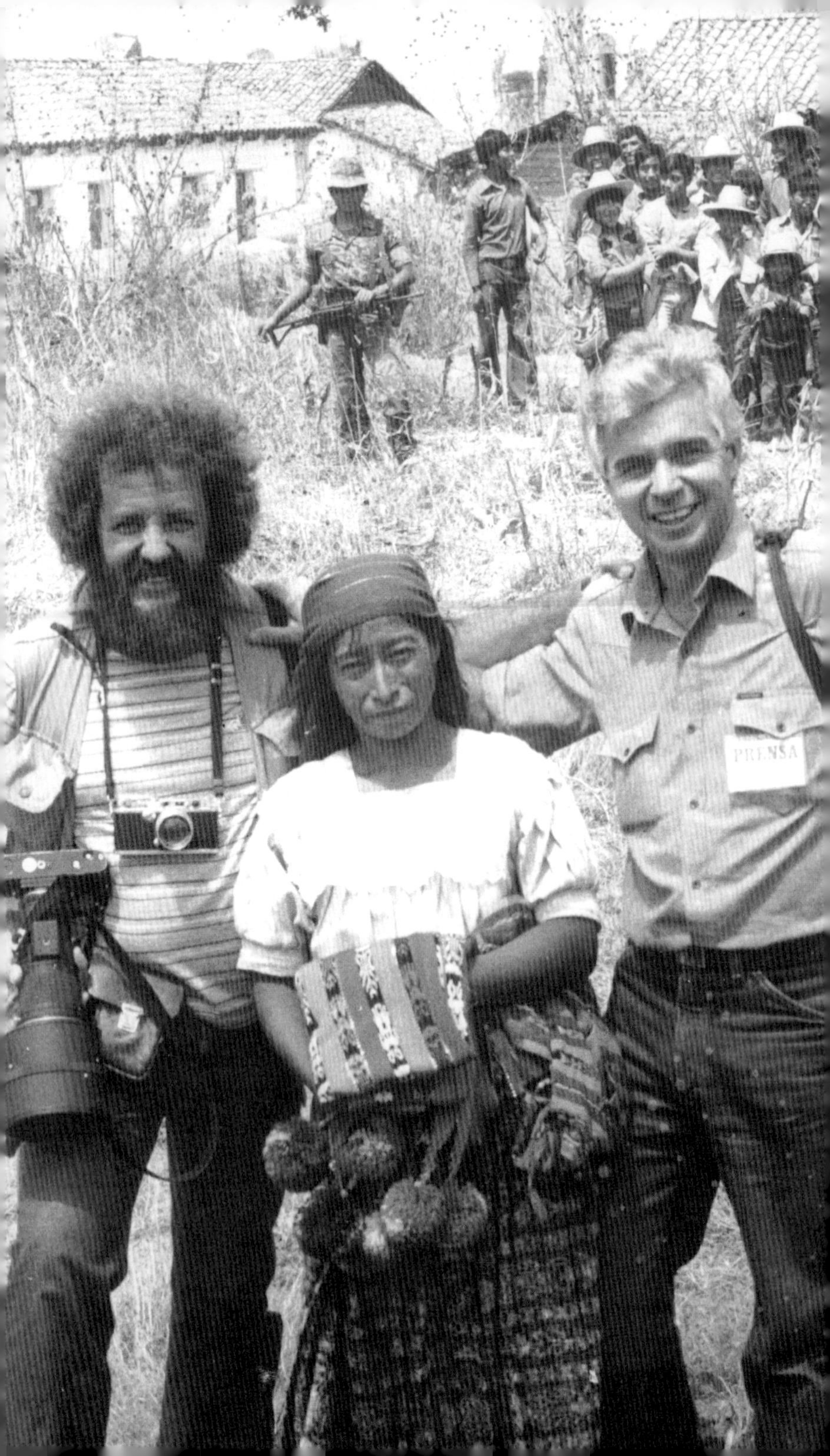
PRENSA

Véspera de eleição na Guatemala, em março de 1982: checando o esquema de segurança armado pela polícia para enfrentar a ameaça da guerrilha contra quem fosse votar.

Em Porto Príncipe, na casa de uma família católica, durante a visita do papa João Paulo II ao Haiti, em março de 1983.

Na página anterior, o fotógrafo Ubirajara Dettmar e Mayrink, numa aldeia indígena controlada pelo Exército, durante a luta com a guerrilha nas montanhas da Guatemala, em 1982.

Foto Luís Gevaerd

Agência Estado

Foto Milton Cea

Acima, Mayrink visita uma granja coletiva
nos arredores de Havana, onde voluntários
brasileiros trabalhavam na colheita
de laranjas, em 1994, em solidariedade
ao regime de Fidel Castro.

Num acampamento do MST na região
de Getulina, interior de São Paulo:
dormindo na barraca de lona para viver
a experiência dos sem-terra.

Na página anterior, Mayrink salta de um monomotor, na cidade de Bragança Paulista,
numa reportagem sobre a formação de pilotos civis.

Equívoco e constrangimento: Mayrink dá os pêsames a Otávio Neves, em São João del Rey, em abril de
1985, pela morte de seu irmão, o presidente Tancredo, que ainda estava vivo.

Mayrink entrevista dirigentes do movimento Tupamaros, em Montevidéu, em dezembro de 1988,
quando os ex-guerrilheiros trocaram a luta armada para participar da redemocratização do Uruguai.

Mayrink, na foto acima, ao lado da diretora Claudia de Souza (de preto) e de repórteres da sucursal do *Jornal do Brasil* em São Paulo, em novembro de 1995.

Entrevista coletiva com o argentino Adolfo Pérez Esquivel, Prêmio Nobel da Paz (ao centro), em agosto de 1995, na residência do cardeal-arcebispo de São Paulo, Dom Paulo Evaristo Arns.

Mayrink, primeira foto acima, num acampamento dos sem-terra no Pontal
do Paranapanema, em março de 1996, quando José Rainha anunciou que o MST reagiria
a tiros à tentativa de desocupação de fazendas invadidas.

Nas fotos seguintes, o repórter sobe a Serra da Cantareira, com o fotógrafo Sérgio Amaral e o motorista
Sebastião Ferreira da Silva, o Ferreirinha (abaixo), para chegar ao local da queda do jatinho do grupo
Mamonas Assassinas, em março de 1996. Na última foto, a marca do choque do avião na pedra e na mata.

Em maio de 1998, Mayrink cumprimenta Luiz Inácio Lula da Silva (acima), após assistir a uma palestra do candidato do PT no Departamento de História da Universidade de São Paulo, na Cidade Universitária.

Na página seguinte, três momentos da paixão do repórter:

1) Passeio a Jequeri, onde Mayrink não fez nenhum sucesso com o Mercedes-Benz de seu colega Décio Pedroso, em 1969.

2) Em mais uma visita ao Caraça, o seminário em que estudou durante quatro anos, na década de 50, quando pretendia ser padre.

3) Reportagem com moradores de Cidade Júlia, na região da Favela do Pantanal, em São Paulo, durante a investigação sobre o seqüestro e morte de Celso Daniel, prefeito de Santo André.

Foto Arquivo Pessoal

Foto Sebastião Ferreira da Silva

Foto Milton Michida

Mayrink conversa com Orlando Villas Bôas, na redação
de *O Estado de S. Paulo*, em novembro de 2000, quando o sertanista
anunciou que estrearia na Internet com um site na *Agência Estado*.

Foto Hélvio Romero

Quando Sandro Vaia assumiu o cargo de diretor de Redação, em substituição a Pimenta, que foi demitido, as coisas logo se normalizaram. O ambiente começou a se acalmar, apesar do trauma causado pelo crime. Italiano de Mantova, mas crescido e educado em Jundiaí, no interior paulista, para onde sua família havia imigrado depois de uns quatro anos no Peru e na Bolívia, Sandro era diretor de Informação da *Agência Estado* quando voltou à redação, no sexto andar. Trazia uma experiência de mais de 30 anos de casa. Admitido no *Jornal da Tarde* no início de sua carreira, foi repórter, redator, editor de várias seções e secretário de Redação.

Em entrevista a Ari Schneider, na revista *Jornal dos Jornais*, o novo diretor resumiu como via o *Estado* e qual era seu plano inicial:

> *O* Estadão *continua sendo um marco, uma referência. Ele precisa de uma sacudida, uma renovação, uma lufada de ar em termos formais, de edição, de texto. Continua com seu capital maior, que não perdeu e nunca vai perder, que é a credibilidade. Mas formalmente precisa de um arejamento. Claro que dentro do limite do jornal sóbrio, sério e elegante que tem sido. Precisa encontrar o equilíbrio entre essa sobriedade e a digestibilidade.*

Foi dentro dessa perspectiva que Anélio Barreto voltou à redação como editor-executivo responsável pela edição e diagramação das reportagens especiais. O jornal de domingo e a primeira página de cada dia ficaram mais arejadas, nos limites propostos.

– Estou à disposição para qualquer função, mas gostaria mesmo era de voltar à reportagem – apresentei-me na sala de Sandro Vaia, ainda convalescendo da gastrite.

Sandro, que havia sido meu chefe na década de 70, atendeu ao pedido na hora. Continuei como editor-executivo, mas deixei um pouco de lado o que ainda fazia de burocrático – o controle das notas de despesas da redação – para ser repórter. Estreei em dezembro de 2000, com um perfil do cardeal do Rio de Janeiro, Dom Eugenio Sales, que mais uma vez anunciava sua aposentadoria definitiva, só confirmada em julho do ano seguinte.

Entrevista pingue-pongue com a prefeita Marta Suplicy na primeira semana de administração, uma série de reportagens sobre a água, outra sobre o racionamento de energia, quatro páginas com um perfil do sistema ferroviário recém-privatizado entrando nos trilhos, cobertura da Conferência Mundial da ONU contra o Racismo, em Durban, na África do Sul... O cardápio de 2001 apresentou-se variado, principalmente porque recheado de imprevistos, aquelas matérias que vão surgindo na surpresa do dia-a-dia.

A despedida de Mário Covas, por exemplo. O jornal já tinha pronto um caderno especial, com uma ampla biografia dele, à espera de uma notícia que viria a qualquer momento. Quando a morte foi anunciada, na manhã de 6 de março, Eleno Mendonça mandou-me correr para a redação, a fim de atualizar o texto. Era só mexer na abertura da primeira página, acertar data e hora, para soltar a edição extra. Saíram 12 mil exemplares, que logo se esgotaram nos bairros centrais da capital e em Santos, cidade natal do governador.

Minha pauta naquele dia foi cobrir o velório no Palácio dos Bandeirantes, para escrever uma reportagem bem pessoal, registrando a presença de autoridades e, principalmente, a reação das centenas de pessoas que entravam na fila para reverenciar Covas. Foi uma noite carregada de emoção que me lembrou, 16 anos depois, a cobertura da agonia e morte de Tancredo Neves. Meses mais tarde, no dia 20 de janeiro de 2002, vivi sensação parecida em Santo André, onde também cobri o velório do prefeito Celso Daniel. Curioso e gratificante a gente constatar como uma madrugada aparentemente tão cheia de clichê, como são as longas horas de um velório, pode render uma boa reportagem. No caso de Celso Daniel, foi do editor-executivo Roberto Gazzi a idéia de investir um repórter, a noite inteira, nessa matéria.

Por mais lúgubre que possa parecer, o jornal tem de estar bem preparado para essas ocasiões. Não se fizesse isso, como seria possível publicar um caderno especial sobre personalidades como, por exemplo, o papa? Pelo que me lembre, o único que nos pegou desprevenidos no *Estado* foi João Paulo I, que morreu repentinamente em 1978, aos 33 dias de pontificado. Em compensação, acontece também de a gente perder por esperar. Isso ocorreu, quando era editor de Internacional, com o imperador Hirohito, do Japão, e com o aiatolá Khomeini, do Irã. Tivemos de conferir os textos algumas vezes, pois eles morreram anos depois de termos preparado seus necrológios.

É difícil adiantar o material sobre alguém que pode até estar muito mal de saúde, mas ainda não morreu. Pessoas que seriam boas fontes de informação, como parentes, amigos e assessores, sentem-se constrangidas por terem de falar sobre elas. Enfrentei essa reação no caso de Mário Covas. Não havia mais esperança de cura, mas ninguém queria encarar a realidade.

Mais estranho ainda é quando o biógrafo se vai antes do biografado. Em 2001, o *Estado* comprou uma extensa reportagem do jornalista norte-americano Tad Szulc sobre João Paulo II, para publicação futura. O texto já estava traduzido e editado, um bom perfil histórico e político para duas páginas, quando chegou a notícia de que o autor havia morrido. Decidiu-se manter o material, pela sua excelente qualidade e pelo prestígio de Tad Szulc. Ele escreveu, em 1995, o livro *João Paulo II – Biografia* (Livraria Francisco Alves Editora), depois de ter entrevistado o papa polonês no Vaticano.

Dois anos depois de ter voltado para o jornal, sinto-me como se nunca tivesse saído da empresa. Além de companheiros de outros tempos, reconheço cenários familiares e revivo situações parecidas, numa incrível sensação de *déjà vu*. Não é gratuito aquele ditado, que se ouve com freqüência na redação, segundo o qual "em jornalismo nada se cria, tudo se repete". Descontada a devida dose de exagero, constata-se que é verdade.

Além de retomar pautas de reportagens que fiz no passado, reencontrei fontes e personagens para tratar de novos/velhos temas, como se estivéssemos apenas retomando uma conversa. Numa dessas ocasiões, voltei ao Hospital Santo Ângelo, em Jundiapeba, município de Mogi das Cruzes, para ver como viviam os remanescentes de uma antiga colônia de hansenianos.

Foi uma manhã de muita emoção. Após ouvir a médica Leontina Margarido, a dermatologista que me guiou pelas enfermarias em 1982, quando escrevi a série de reportagens, depois editada em livro, *Solidão*, revi alguns doentes que lá continuavam internados.

– Você não é o Mayrink do jornal *Estado* e da Rádio Eldorado que escreveu sobre a solidão dos hansenianos? – cumprimentou-me Manoel Soares, 75 anos, desde os nove internado. Apesar de cego, ele me reconheceu pela voz. Raimunda Juca Viana, que voltou a morar na área do hospital depois de viver mais de dez anos fora, me deu um abraço apertado, como se eu fosse um amigo de presença constante. O fotógrafo Sebastião Moreira registrou a cena emocionado. "Ainda que não tivesse dado matéria, teria valido a pena vir aqui só pela satisfação de conhecer esse lugar", confidenciou-me.

Do tempo de um jornalismo que buscava e valorizava muito as assim chamadas "histórias de interesse humano", sempre gostei de pautas sobre a luta e as esperanças das pessoas mais sofridas desse nosso mundo. Meninos de rua, mendigos, doentes, presidiários, favelados, prostitutas, sem-terra e sem-teto são quase sempre bons personagens para uma boa reportagem. Fiz uma espécie de opção preferencial por eles, embora não exclusiva, pois o leque do jornalismo tem de ser muito mais amplo.

Foi por isso que arrepiei de emoção no dia em que Vicente Paulo da Silva, o Vicentinho, ex-presidente da Central Única dos Trabalhadores (CUT), me surpreendeu com uma saudação inesperada.

– Mayrink, o repórter dos pobres – disse Vicentinho me abraçando na Igreja de São Domingos, em agosto de 1999, na missa dos 25 anos da morte de Frei Tito de Alencar, o dominicano que se suicidou na França, na seqüela das torturas que sofreu nos porões da ditadura em São Paulo.

Sempre gostei de reportagem. Foi o que fiz durante esses últimos 40 anos, exceção apenas dos seis anos em que, por dois períodos, fui editor de Internacional e de Geral. Mesmo nesse intervalo, dei minhas escapulidas, saindo a campo sempre que era possível. Como foca incorrigível, adoro lamber a cria. Não há coisa melhor que ver um texto da gente na página, de preferência com a assinatura em cima. Vaidade besta, mas ajuda a manter a chama.

Desconfio que sou o repórter mais velho do *Estadão* e, certamente, um dos mais velhos da imprensa paulista que ainda enfrentam a rua na rotina do dia-a-dia. Que José Hamilton Ribeiro, da revista *Globo Rural*, não me deixe mentir. Tenho orgulho disso e acredito que essa longevidade profissional conta pontos para a categoria. Concorro, em cada pauta, com colegas talentosos que estão começando na profissão. Sei que, se perder o pique, algum deles acaba tomando minha vaga. Espero que isso não venha a acontecer logo. Peço a Deus que me dê saúde e disposição, pois gosto é que não falta. Costumo trabalhar mais de oito horas por dia, estou à disposição do jornal em tempo integral, sempre pronto para viajar em qualquer missão, às vezes viro a noite em plantões e velórios.

Se isso não cansa nessa idade? Não me venham falar em aposentadoria.

ÍNDICE ONOMÁSTICO

A

Abbate, José Carlos – 83
Abdalla, J. J. de – 104
Abib, Padre Jonas – 177
Abreu, Inês Helena – 28
Abreu, Noralmi Ferreira de – 157
Afonso, Almino – 75
Aguiar, Rejane – 190
Alba, Irmã Maria – 178
Albuquerque, Eduardo Vieira de (o Eduzinho) – 205
Alencar, Frei Tito de – 175, 218
Allende, Salvador – 106, 108, 109, 192
Almeida, Dom Luciano Mendes – 178
Almeida, Hugo – 129, 149, 205
Almeida, José Américo de – 43
Almeida, Kléber de – 86, 205
Almeida, Sérgio Cardoso de – 118
Altemeyer, Fernando – 180
Altmann-Barbie, Klaus (o "Carrasco de Lyon") – 96
Alves, Hermano – 75, 118
Alves, José Pereira – 26
Alves, Rosental Calmon – 145, 146
Amado, Gilberto – 73
Amado, Jorge – 38
Amâncio, Moacir – 205
Amaral, Sérgio – 190, 195
Amorim, José Salomão David – 24, 25, 27, 28, 30, 37, 38, 41, 82
Andrade, Carlos Drummond de – 38, 44
Andrade, Castilho de – 205
Andrade, Sérgio – 190
Ângelo, Ivan – 28, 85, 86
Appy, Robert – 205, 207
Aragão, Almirante Cândido – 51
Arantes, José – 24
Araújo, Adival Coelho de – 32, 37
Araújo, Paulo César – 108
Aristóteles – 27
Arns, Dom Paulo Evaristo – 117, 138, 171, 175, 180

Arreguy, Cláudio – 128
Arruda, Roldão – 176
Assis, Machado de – 38
Augelli, Marielza – 118
Augusta, Dona Maria – 23, 70
Augusti, Francisco (o Fran) – 154
Augusto, Cláudio – 208, 209
Azevedo, Dermi – 196

B

Barbosa, Adoniran – 84
Barreira, Wagner – 190
Barreto, Anélio – 87, 99, 205, 206, 213
Barreto, Derly – 56
Barros, Fernando – 173, 206
Barros, Fernando Lichti de – 172
Barroso, Jadir – 128
Bascchera, Roberto – 190, 193, 206
Bataglia, Vital – 87
Beirão, Nirlando – 86
Beltrami, Monsenhor Arnaldo – 180
Beraba, Marcelo – 189, 193, 194, 197
Bernardino, Dom Angélico Sândalo – 176
Betto, Frei (Carlos Alberto Libânio Christo) – 89, 91, 212

Bittencourt, Paulo – 43, 45, 46
Bley, general Punaro – 31
Bloch, Adolpho – 81
Bôas, Orlando Villas – 198
Bonas, Ariovaldo – 153, 154
Bonfim, Beatriz – 56
Bonfim, Otávio – 56
Bottasso, Rosalina– 173
Braga, Durval – 205
Braga, Teodomiro – 174
Branco, Frederico (o Fred) – 131
Branco, marechal Castelo – 59, 72, 73
Brandão, Darwin – 75
Brandão, Ronaldo – 37
Brant, Chico – 129
Brasil, José Carlos – 188, 190
Brickmann, Carlos Ernâni – 87, 96, 106, 107, 167, 192
Brito, Frei Fernando de – 90
Britto, Antônio – 152
Brizola, Leonel – 52
Bueno, Moacir – 87
Burnett, Lago – 55, 72
Bydlowsky, Lízia – 131

C

Cabral, Antônio Carlos – 130, 172, 186
Cabral, Hélio– 205

Callado, Antônio – 44
Câmara, Dom Hélder – 71, 117, 178
Camões, Luis de – 113
Campos, Isabel – 205
Campos, Roberto – 58
Canas, Cristina – 206
Capri, Yole di – 87
Cardoso, Elizeth – 58
Cardoso, Ivo – 56
Carlos, Erasmo – 95
Carlos, Newton– 75
Carneiro, Glauco – 65
Carneiro, Luiz Orlando – 55, 58, 72, 81, 185
Carolina, Ana – 149
Carpeaux, Otto Maria – 44
Carta, Mino – 82, 83, 84, 85
Carter, Jimmy – 133
Cartola – 57
Carvalho, Flávio de – 205
Carvalho, Luiz Maklouf – 108, 190
Casaldáliga, Dom Pedro – 113, 114, 128
Casassanta, José Maria – 42, 43
Casoy, Boris – 182, 209
Castanho, Dom Amaury – 176
Castro, Amilcar de – 44
Castro, Fidel – 139
Castro, José de – 128
Castro, Marcos de – 55
Castro, Tarso de – 52, 53
Cavalcanti, Regina – 204
Caymmi, Dorival – 91
Chagas, Carmo – 24, 82, 98
Chaim, Célia – 102, 185, 190
Charles, Ray – 39
Chateaubriand, Assis – 41
Chedid, Paulo – 87
Chemello, Dom Jayme – 176
Chimanovitch, Mário – 174
Claro, Waldo – 130
Cocenza, Antônio – 28
Colassanti, Marina – 55
Comodo, Roberto – 190
Corrêa, Marcos Sá – 186
Correia, Nivaldo – 39
Costa, Dom José Gonçalves da – 71
Costa, Florência – 190
Costa, Odylo (filho) – 189
Costa, Otávio – 189
Costa, Robson – 148, 149, 154
Cotta, José de Araújo – 26
Couto, Ronaldo Costa – 24
Covas, Mário – 193, 197, 214, 215, 216
Cristina (filha) – 66, 85, 106
Cristina, Sônia– 135
Cruz, Maria Antônia Pavan de Santa – 105
Cunha, Melchíades – 166
Cunha, Ubirassu Carneiro da – 87

D

Dallari, Mônica – 190
Damasco, Cida – 101, 205
Daniel, Celso – 215
Dantas, Audálio – 187
dell'Amore, Padre Célio – 22
Demo, Camaño – 66
Dettmar, Ubirajara – 145, 146
Di Genio, João Carlos– 97
Dias, Marco Antônio Rodrigues – 24
Dias, Maurício – 197, 198
Dimenstein, Gilberto – 174
Dines, Alberto – 54, 55, 58, 61, 65, 67, 71, 76, 81
Dirceu, Samuel – 24, 41, 56, 82, 140, 167
Doc, Papa – 68
Drewnick, Raul – 207
Drummond, Roberto – 29, 30, 38, 56, 109, 130
Dupin, Fábio – 197

E

Egydio, Paulo – 118
Elbrick, Charles – 133
Emediato, Luiz Fernando – 128, 150, 151, 154, 155
Engel, Otto – 71, 72
Esmeraldo, Humberto – 123
Euclides – 32

F

Faerman, Marcos – 87
Fajardo, José (Pepe) – 137, 186
Faria, José Eduardo – 87, 96, 205
Faria, tenente Gustavo de – 60
Faustino, Roberto – 190
Fávaro, Armando – 190, 193, 206
Felisberto, Murilo – 55, 56, 81, 82, 85, 86, 88, 97
Felix, Jorgemar– 190, 194
Fernandes, Arquimedes – 154
Fernandes, Laerte – 87, 205
Ferraz, José Carlos de Figueiredo – 99
Ferraz, Sílvio – 65
Ferreira, Alberto – 68
Ferreira, Aurora Lembi – 46, 103, 129
Ferreira, Ewaldo Dantas – 87, 96, 186
Ferreira, Hilton – 24, 38
Ferreira, João Alcides – 54, 129
Ferreira, Oliveiros – 207
Figueiredo, Wanda – 30, 37
Figueiredo, Wilson – 185
Filho, general Mourão – 52
Filho, Henrique de Souza (o Henfil) – 30, 151, 152

Filho, Otávio Frias – 182
Fiore, Eraldo – 210
Flores, Aluízio – 55
Fon, Antônio Carlos – 87, 96
Fonseca, Edmur – 74
Fonseca, José Alberto – 30
Fonseca, Ouhydes – 88, 185
Fonseca, Ricardo – 190
Fontes, José Gonçalves – 56, 58, 72, 185
Fraga, Hélio – 24
Fragata, Maria Lúcia – 205
Francis, Paulo – 101
Franklin, Mário Lúcio – 56, 173
Freire, Flávio – 206
Freitas, Décio – 134
Freitas, Jânio de – 43, 44, 45, 46, 51, 174
Freitas, João Batista de – 59, 185
Freitas, Rolando de – 114
Fruet, Luiz Henrique – 87

G

Gabeira, Fernando – 25, 33, 38, 39, 40, 52, 56, 57, 108, 133
Galli, Ivo – 132, 134
Galvão, Sérgio – 56
Gama, Wanderlan – 130
Garcia, general Benedito Lucas – 147
Garcia, Hélio – 130
Garcia, Romeo Lucas – 147
Garcis, Roberto – 145
Gaspari, Elio – 66
Gaulle, general Charles de – 88
Gazzi, Roberto – 206, 215
Geisel, Ernesto – 115, 116, 117, 118, 119, 120, 122
Generoso, Eliete – 190
Giobbi, Cesar - 205
Glogowski, Marcia – 131, 154, 204, 210
Godoy, Antônio Carlos de – 205
Godoy, Roberto – 205
Gomes, Alarico Augusto – 98
Gomes, Augusto – 23
Gomes, Hermínia – 33
Gomide, Nilton – 209
Gomide, Sandra – 208, 209, 211, 212
Gonçalves, Guy Affonso de Almeida – 21, 23, 24, 25, 26, 31, 33, 74, 75
Gontijo, Ricardo – 86, 99
Goulart, João – 26, 30, 31, 38, 46, 47, 48, 52, 91, 120
Goussinsky, Eugênio – 206
Greco, Antero – 205
Greenhalgh, Laura – 190
Guerreiro, Márcia – 204
Guignard – 30

Guilhermina, Vovó – 127
Guimarães, Sérgio – 47, 48

H

Haddad, Orlando Maluf – 134
Henriques, Tarcísio – 129
Herzog, Vladimir – 116, 117
Higuchi, Kaoru – 68, 69
Hirohito, imperador – 215
Holanda, Tarcísio – 56
Horácio, Fernando – 44
Horita, Nilton – 190
Horta, Luiz Paulo – 56
Hummes, Dom Cláudio – 180

J

Jacob, Alberto – 68
Jacobis, Giustino de – 23
Japiassu, Celso – 25
Japiassu, Moacir – 24, 25, 31, 41, 55, 74
Jesus, Mário Carvalho de – 104
Jorge, Miguel – 86, 88, 129, 132, 148, 152, 153, 155, 166, 207
Juarez, Jarbas – 29, 37
Juliana (filha) – 130, 151
Jungmann, Roberto – 185

Júnior, Alberto Helena – 87
Júnior, Belisário Santos – 196, 197
Júnior, Francisco Martins – 134
Júnior, Fúlvio Giannella – 173
Júnior, José Rainha – 195
Júnior, Reali – 118

K

Kennedy, Jacqueline – 38
Kennedy, John – 38
Kessuane, Helena – 173
Ketti, Zé – 58
Khomeini, aiatolá – 215
Klintowitz, Jaime – 189
Knaut, Inês – 185
Kotscho, Ricardo – 185, 188
Kruel, general Amaury – 52
Kubitschek, Juscelino – 26, 60
Kuntz, Rolf – 87, 205

L

Lacerda, Carlos – 43, 45, 51, 52, 60, 72
Lacerda, Marco Antônio – 86
Lachtermacher, Stela - 190
Lambert, Jacques – 98

Lanzetta, Luiz – 190
Lapouge, Gilles – 118
Leal, Fernando Wilson – 154
Leão, Ângela Vaz – 38
Leão, Anis José – 38
Lebauspin, Frei Ivo – 90
Lemos, Alcides – 205
Lemos, Carlos – 42, 43, 55, 71, 72
Lênin – 207
Lima, Antônio – 24
Lima, Raimundo – 40
Lima, Roberto Pontes – 205
Lisboa, Luiz Carlos – 87, 88
Lobo, Reinaldo – 88
Lombardi, Renato – 204
Lopes, Glorinha – 205
Lopes, Terezinha – 174
Luciana (filha) – 101
Luís, Édson – 72, 75
Lupion, Moisés – 39, 40
Luppi, Luiz – 185

M

Macedo, Fausto - 205
Machado, Amaury – 37
Magalhães, Thomaz – 116
Majô – 98
Maluf, Paulo – 70
Mansur, Gilberto – 86
Manzano, Gabriel – 84, 87, 205

Márcio, Flávio – 86, 95, 166
Margarido, Leontina – 217
Maria, Elisa (a Vidinha) – 70
Maria José – 29, 53, 65, 66, 100, 129, 141, 148, 151, 172, 211
Maria, Léa – 55
Marighella, Carlos – 89, 90, 96
Marin, José Maria – 70
Marinho, Roberto – 53
Marques, Cesário – 58
Marques, Fabrício – 190, 194
Marques, Randáu – 87
Marra, Antônio Belucco – 41
Martins, coronel Sá – 60
Martins, Eduardo – 156, 205
Martins, Juca – 145, 146
Martins, Luiz Arrobas – 116
Martins, Paulo Egydio – 116
Martins, Severino – 185
Mascaro, Eymar – 118
Masson, Nonato – 55
Mattos, Adriana – 190
Mattos, Lino de – 116
Mayrink, Carlos – 27
Mayrink, Elisa – 43
Mayrink, Geraldo – 51, 53, 56, 82, 166
Mayrink, José – 41
Mayrink, José Cândido – 66
Mayrink, José Eduardo – 23
Mayrink, José Maria – 70, 128
Medeiros, Elton – 58

Mello, Edson Paes de – 101
Mello, Sérgio Motta – 123
Mello, Washington – 37
Melo, Beth – 205
Melo, Rosângela Conrado – 129
Mendes, Antônio Carvalho – 113, 205
Mendes, Lucas – 100, 140, 145, 146
Mendes, Uirapuru – 87
Mendonça, Eleno – 185, 190, 198, 199, 204, 206, 214
Mendonça, Gérson – 133, 134
Mendonça, José – 37
Mendonça, José Marcio – 205
Menezes, Marco Antônio de – 86, 95
Mercadante, Luiz Fernando – 67, 100
Merlin, Nelson – 206
Mesquita, Fernão – 131, 132
Mesquita, Julio César (Julinho) – 131, 132, 134, 209
Mesquita, Luiz Carlos – 132
Mesquita, Patrícia – 132
Mesquita, Ruy – 85, 99, 131, 135, 209
Miguel, Sérgio – 131, 205
Mindlin, José – 116, 117
Ming, Celso – 116
Mion, Adilson – 154

Miranda, Guilherme Duncan de – 87
Mitre, Décio – 24
Mitre, Fernando – 86, 103
Mitterrand, François – 115
Mol, Zinho – 70
Mônica (filha) – 85, 106
Monroe, Marilyn – 30
Montenegro, Méndez – 66
Morais, Fernando – 86, 99
Morais, José Carlos Cafundó de – 205
Morais, Josias Artur de – 173
Moreira, Sebastião – 217
Morelli, Alberto – 88
Moreno, Júlio – 205
Motta, Carlos – 205
Motta, Lourenço Dantas – 205
Motta, Morgan – 37
Moura, Demócrito – 87
Mug, Mauro – 204
Muniz, Roberto – 204

N

Nascimento, Edson Arantes do (Pelé) – 28
Nepomuceno, Eric – 106, 141
Neruda, Pablo – 108, 109
Neto, Gérson Mendonça – 132, 134

Neto, Julio de Mesquita – 131, 135
Neves, Dom Lucas Moreira – 174, 175, 179
Neves, Fernando – 206
Neves, Otávio - 153
Neves, Pimenta – 198, 208, 209, 210, 211, 212, 213
Neves, Tancredo – 26, 130, 152, 153, 215
Nogueira, Armando – 57
Nogueira, José Bonifácio Coutinho – 116, 119
Noronha, Sérgio – 44, 55
Novaes, Adauto – 24, 56
Novak, Kim – 30
Nunes, Augusto – 156, 157, 158, 159
Nunes, Clara – 33
Nunes, Lúcio – 30

O

Oliveira, Francisco Carvalho de - 190
Oliveira, Franklin de – 44
Oliveira, José Aparecido de – 46
Oliveira, José Carlos de (o Carlinhos) – 55
Oliveira, Luiz Carlos de – 44, 55

Onaga, Hideo – 120, 121
Onça, Sá – 25
Orlando, Luiz (o Luiz O) – 59
Ornelas, Luciano – 86, 129, 154, 155, 166
Ornelas, Warley – 129
Ornellas, Francisco – 154, 205
Oséias, Zezé de – 41

P

Pahim, Fábio – 203
Pahlevi, xá Reza – 75
Paiva, Dídimo Miranda de – 24, 25, 41, 42, 57, 167
Palhares, Maurício – 206
Palmeira, Vladimir – 75
Palú, Padre Lauro – 22
Panaso, Selma – 190
Pastore, Karina – 190
Paula, Eduardo de – 29
Paulinelli, Alysson – 119
Paulo I, Papa João – 215
Paulo II, Papa João – 137, 139, 175, 187, 216
Paulo VI, Papa – 23
Paulo, São Vicente de – 22
Pavon, Paula – 190
Pedriali, José Antônio – 131
Pedroso, Décio – 69, 88

Penido, José Márcio – 86
Penteado, Ari – 130-1, 204
Pereira, Antônio Carlos – 205
Pereira, Cipião Martins – 44
Pereira, Francelino – 118
Pereira, José Inácio – 28
Perez, Luis Fernando – 24
Perez, Rogério – 129
Perin, Orivaldo – 197
Pessoa, Fernando – 44
Pessoa, José Nicodemus (o Pessoinha) – 44, 46, 87
Pessoa, Lenildo Tabosa – 90
Pessoa, Maurício – 128
Piltcher, Isaac – 51, 53
Pimenta, Andrea – 211
Pinheiro, Francisco – 128
Pinheiro, Luiz Adolfo – 24, 55, 82
Pinheiro, Péricles – 113
Pinochet, Augusto – 107, 108, 192
Pinto, Fernando – 56
Pinto, José – 28
Pinto, José Nêumanne – 205
Pinto, Lucinda – 190, 206
Pinto, Magalhães – 30, 31, 46
Pinto, Tão Gomes – 82
Pires, João – 148
Piza, Daniel – 206
Poerner, Arthur José – 91
Polielo, Waldo – 87
Pontes, Marcelo – 189, 192, 197
Portela, Fernando – 23, 87, 95, 97, 99, 203
Portela, Juvenal – 56, 68
Portela, Toinho – 87
Porto, Sérgio Dayrell – 30
Possamai, Dom Antônio – 176
Prado, Antônio Carlos – 190
Primo, Afonso – 117

Q

Quadros, Jânio – 39, 40
Quadros, Vasconcelo – 190, 193, 196
Queiroz, Eça de – 38
Queiroz, Luiz Roberto de Souza – 204
Quental, Paula – 206

R

Rabêlo, José Maria – 31, 75, 107
Rabinovici, Moisés – 86, 203
Ramos, Estácio – 24
Ramos, Luiz Carlos – 205
Ramos, Péricles Eugênio da Silva – 101
Reis, Moura – 24
Resende, Otto Lara – 120
Rezende, Acílio Lara – 127

Rezende, Marco Antônio de - 86, 88
Ribeiro, Gildásio - 56
Ribeiro, Jorge Claudio - 155
Ribeiro, José Hamilton - 218
Ribeiro, Marili - 190
Ribeiro, Mário - 37
Ridding, Alan - 141
Rita, Chico Santa - 104
Rizzutti, Alfredo - 114, 115
Rocha, Marco Antônio - 205
Rodrigues, Apoenan - 190
Rodrigues, José Antônio - 185
Romanelli, Antônio - 74
Romero, Dom Oscar - 137,138
Romero, Hélvio - 190, 193, 195, 206
Rondino, Sérgio - 87, 97
Rossi, Clóvis - 106, 108, 121, 128, 145, 146, 147
Rossi, Dom Agnelo - 175
Rossi, Padre Marcelo - 177
Ryff , Raul- 46, 47

S

Sabino, Waldemar (o Mazico) - 128
Sales, Dom Eugenio - 214
Sanches, Alípio - 191
Sanches, Valdir - 87, 96, 205
Sant'Anna, Affonso Romano de - 28
Sant'Anna, Lourival - 192, 206
Santana, José Carlos - 131, 166
Santiago, Evandro - 28
Santos, Ariovaldo - 190
Santos, Geraldo Pereira dos (o Geraldo Condutor) - 69
Santos, José dos - 131, 204
Santos, Nelson - 28
Santos, Nelson Pereira dos - 55
Santos, Silvio - 155
Sardenberg, Carlos Alberto - 182, 186, 189
Sariol, José Luís - 192
Schilling, Paulo - 52
Schlafman, Léo - 44
Schneider, Ari - 205, 213
Senhora, Irmão Lourenço de Nossa - 22
Serbin, Kenneth P. - 175
Sigaud, Dom Geraldo - 128
Silva, coronel Roberto Lemes da - 106
Silva, Fausto (o Faustão) - 165
Silva, general Costa e - 72, 75
Silva, Gutemberg Mota e - 128
Silva, José Eduardo Borgonovi e (Castor) - 87

Silva, Luzia Rodrigues da – 173
Silva, Sandra – 190, 206
Silva, Sebastião Ferreira da (o Ferreirinha) – 190, 191, 193, 195
Silva, Vicente Paulo da (o Vicentinho) – 217
Silveira, Evanildo da – 190, 206
Silveira, José – 43, 44, 45, 47, 52, 55
Silveira, Nélson – 190
Simbalista, Eduardo – 128
Soares, Dirceu – 24, 86
Soares, Manoel – 217
Sobel, Henry – 117
Sodré, Niomar Muniz – 46
Somoza, Anastacio – 67
Sotero, Paulo – 145
Souza, Cláudia Dias Batista de (Coen Murayama) – 87, 190, 195, 197
Souza, Inajar de – 87, 90, 96
Souza, Percival de – 87, 96, 205
Souza, Pompeu de – 72
Spartacus, Ibsen – 190
Spinola, Noenio – 197, 198
Stal, Bella – 185
Strauss, João Vítor - 158
Stroessner, general Alfredo – 61
Suplicy, Marta – 214
Szulc, Tad – 216
Szwartuch, Josepha – 131, 204

T

Tabak, Israel – 185
Tavares, Flávio – 132, 133, 134
Teixeira, Evandro – 68, 108, 187
Tereza, Maria – 38
Terra, Karla – 190
Thompson, Cecília – 131, 204
Tibúrcio, Carlos – 131
Tinhorão, José Ramos – 44
Todman, Terence – 133
Torquato, Gaudêncio – 102
Torres, Maurílio – 128
Totti, Paulo – 189, 197
Touguinhó, Oldemário – 185
Trotski – 207
Tsé-tung, Mao – 121, 122
Tuma, Romeu – 153

U

Ueki, Shigeaki – 120
Utzeri, Fritz – 198

V

Vaia, Sandro – 87, 99, 213, 214

Valente, Rubens – 190
Vargas, Getúlio – 43
Vartuk, Pola – 131
Vaz, Sérgio – 205
Veloso, Carlos – 130
Ventura, Zuenir – 44, 185
Viana, Raimunda Juca – 217
Vieira, José Geraldo – 101
Vilela, Luiz – 86
Vital, José D. – 129, 130

W

Wally, Valéria – 87, 205
Werneck, Humberto – 86, 185

Wilson, Marcos – 131, 138, 150, 154, 155, 181, 182
Wright, James – 117

X

Ximenes, Antônio – 190, 197, 198

Z

Zerlottini, Fernando – 51, 53
Zico, Padre José Tobias – 22

SOBRE O AUTOR

José Maria Mayrink – que antes deste livro publicou Solidão, Filhos do Divórcio *e* Anjos de Barro, *com extraordinária repercussão, pela EMW Editores, atualmente Geração Editorial – nasceu em julho de 1938 na pequena cidade de Jequeri, Zona da Mata de Minas Gerais. Filho de médico e professora primária, aos 13 anos entrou no seminário de Mariana, de onde se transferiu para o Caraça. Concluído o curso colegial, foi para Petrópolis, onde fez Filosofia e dois anos de Teologia. Nessa época, escreveu* Pastor e Vítima, *usando o pseudônimo de Augusto Gomes, nome de família de sua mãe.*

Em 1961, deixou o seminário e foi dar aulas de Latim e Português em Ponte Nova, onde colaborou no semanário Jornal do Povo. *No ano seguinte, estava em Belo Horizonte, iniciando o curso de Jornalismo na Universidade Federal de Minas Gerais e trabalhando no* Correio de Minas. *Escreveu para as revistas* Três Tempos *e* Alterosa, *passou dois meses no* Diário de Minas *e transferiu-se para o Rio de Janeiro. Aí viveu cinco anos, trabalhando nos jornais* Correio da Manhã, O Globo *e* Jornal do Brasil, *além da Rio Gráfica e Editora. Fez suas primeiras viagens ao exterior para reportagens no Panamá, Costa Rica, Nicarágua, Guatemala, Haiti, República Dominicana e Estados Unidos. Em 1968, a convite da revista* Veja, *veio para São Paulo.*

Foi repórter especial do Jornal da Tarde *durante quase nove anos. Ganhou o Prêmio Imprensa do Governo do Estado,*

Prêmio Rondon de Reportagem e o Prêmio Esso de Jornalismo (em parceria com Ricardo Gontijo), escrevendo sobre problemas urbanos de São Paulo. Concluiu, então, na Faculdade de Comunicação Cásper Líbero, o curso de Jornalismo, interrompido oito anos antes. Cobriu o golpe militar do Chile em 1973 e em 1976 acompanhou a viagem do presidente Ernesto Geisel à França, Inglaterra e Japão.

Em maio de 1977, Mayrink sentiu saudades da infância e de suas raízes: trocou São Paulo por Minas Gerais e foi trabalhar na sucursal do Jornal do Brasil *em Belo Horizonte. Mas o sonho durou apenas 50 dias, pois em julho já estava de volta como editor internacional de* O Estado de S. Paulo, *cargo que ocupou durante cinco anos. Viajou à Argentina (conflito de Beagle), Colômbia (seqüestro de embaixadores), Cuba (saída em massa de refugiados) e três vezes à América Central, sempre cobrindo golpes e guerrilhas.*

Foi o último repórter a entrevistar dom Oscar Romero, assassinado três dias depois em San Salvador. Em 1983, acompanhou a visita de João Paulo II à Nicarágua, El Salvador, Guatemala e Haiti. Em 1989, transferiu-se para a revista Família Cristã *e, um ano e meio depois, para a sucursal paulista do* Jornal do Brasil. *Viajou duas vezes a Cuba, em 1994 e 1998 – nesta para cobrir a visita do papa João Paulo II à Ilha de Fidel Castro.*

Mayrink é outra vez repórter especial de O Estado de S. Paulo, *jornal para o qual voltou como editor-executivo em março de 2000. Católico, é casado com Maria José Lembi Ferreira, pai de quatro filhas – Cristina, Mônica, Luciana e Juliana – e avô de Melina e Pedro Henrique.*